司補任所収年号表

[illegible]	[illegible]	[illegible]
	2	702
	3	703
慶　雲	1	704
	2	705
	3	706
	4	707
和　銅	1	708
	2	709
	3	710
	4	711
	5	712
	6	713
	7	714
霊　亀	1	715
	2	716
養　老	1	717
	2	718
	3	719
	4	720
	5	721
	6	722
	7	723
神　亀	1	724
	2	725
	3	726
	4	727
	5	728
天　平	1	729
	2	730
	3	731
	4	732
	5	733
	6	734
	7	735
	8	736
	9	737
	10	738
	11	739
	12	740
	13	741
	14	742
	15	743
	16	744
	17	745
	18	746
	[illegible]	747
	20	748
天平感宝	1	749
天平勝宝	1	749
	2	750
	3	751
	4	752
	5	753
	6	754
	7	755
	8	756
天平宝字	1	757
	2	758
	3	759
	4	760
	5	761
	6	762
	7	763
	8	764
天平神護	1	765
	2	766
神護景雲	1	767
	2	768
	3	769
宝　亀	1	770
	2	771
	3	772
	4	773
	5	774
	6	775
	7	776
	8	777
	9	778
	10	779
	11	780
天　応	1	781
延　暦	1	782
	2	783
	3	784
	4	785
	5	786
	6	787
	7	788
	8	789
	9	790
	10	791

——以上第1——

延　暦	11	792
	12	793
	13	794
	14	795
	15	796
	16	797
	17	798
	18	799
	19	800
	20	801
	21	802
	22	803
	23	804
	24	805
大　同	1	806
	2	807
	3	808
	4	809
弘　仁	1	810
	2	811
	3	812
	4	813
	5	814
	6	815
	7	816
	8	817
	9	818
	10	819
	11	820
	12	821
	13	822
	14	823
天　長	1	824
	2	825
	3	826
	4	827
	5	828
	6	829
	7	830
	8	831
	9	832
	10	833
承　和	1	834
	2	835
承　和	3	836
	4	837
	5	838
	6	839
	7	840
	8	841
	9	842
	10	843
	11	844
	12	845
	13	846
	14	847
嘉　祥	1	848
	2	849
	3	850
仁　寿	1	851
	2	852
	3	853
斉　衡	1	854
	2	855
	3	856
天　安	1	857
	2	858
貞　観	1	859
	2	860
	3	861
	4	862
	5	863
	6	864
	7	865
	8	866
	9	867
	10	868
	11	869
	12	870
	13	871
	14	872
	15	873
	16	874
	17	875
	18	876
元　慶	1	877
	2	878
	3	879
	4	880
	5	881
元　慶	6	882
	7	883
	8	884
仁　和	1	885
	2	886
	3	887
	4	888

——以上第2——

寛　平	1	889
	2	890
	3	891
	4	892
	5	893
	6	894
	7	895
	8	896
	9	897
昌　泰	1	898
	2	899
	3	900
延　喜	1	901
	2	902
	3	903
	4	904
	5	905
	6	906
	7	907
	8	908
	9	909
	10	910
	11	911
	12	912
	13	913
	14	914
	15	915
	16	916
	17	917
	18	918
	19	919
	20	920
	21	921
	22	922
延　長	1	923
	2	924
	3	925

國司補任　第三

例　言

一、本書は「国司補任」と題し、大宝元年以降の国・島・大宰府・鎮守府（摂津職・河内職・和泉監を含む）について、その四等官と史生および前司等を諸史料より索捜し、可能な限り掲出しようとするものである。

一、本冊は、その第三として、寛平元年から寛和二年までの九十八年間を収めた。

一、国の配列は概ね延喜式の記載に従った。

一、掲出方法は国別編年とし、各年毎に所見のあった四等官等をまとめた。所見がない年も、後日の補訂・書入れの便をはかり、その年を表記した。

一、編者の注記には＊を附した。また、見任以外のものおよび備考等にも＊を附し、一段下げて掲出した。

一、典拠として利用した史料のうち、刊本のあるものは概ねそれを利用したが、二種以上の刊本がある場合は、初版刊行年次の新しいものを用いた。また、近世の編纂物は原則として除外した。

一、大間成文抄（除目大成抄）は史籍集覧本が刊行されているが、最古写本である宮内庁書陵部蔵九条家本と比べると、人名・位階・年次などにかなりの違いがあるため、本冊においては九条家本を用い、書陵部における現在の巻立を表記した。

一、刊本のないものについては可能な範囲で写本類・写真版などを用いた。大部分は書陵部蔵本であるが、一部他機関所蔵のもの、複製本・影印版が刊行されているものなどにも及んでいる。その場合、書陵部蔵本と同書名で内容の異なるものには現蔵者名を付したが、他は省略したため、原典にあたられる際には国書総目録などで確認されたい。

一、典拠を（大日本史）としたものは、大日本史国郡司表に見えるが典拠不詳のものである。同国郡司表は何らかの根拠に基づいていると推定されるため掲出した。

一、系図類の記載は他の史料がある場合は省略した。

一、第三冊において用いた史料のうち、文書集として刊行されているものの表記については左記のとおりである。

（東大寺〇—〇〇〇）……大日本古文書東大寺文書の冊—頁数を示す。　＊平安遺文と重なるものは省略。

（石清水〇—〇〇〇）……大日本古文書石清水文書の冊—頁数を示す。　＊平安遺文と重なるものは省略。

（平〇〇〇）……平安遺文の文書番号を示す。

（鎌〇〇〇）……鎌倉遺文の文書番号を示す。

一、その他、第三冊において略称を用いた史料は次のとおりである。

（補任）………公卿補任
（異補任）……異本公卿補任＊公卿補任と異なる記載のみを表記。
（三実序）……日本三代実録序
（紀略）………日本紀略
（扶桑）………扶桑略記
（編年記）……帝王編年記
（世紀）………本朝世紀
（三代格）……類聚三代格
（符宣抄）……類聚符宣抄
（別符宣抄）…別聚符宣抄
（群載）………朝野群載
（文粋）………本朝文粋
（続文粋）……本朝続文粋
（要略）………政事要略
（大成抄）……大間成文抄
（魚魯）………魚魯愚抄
（魚魯別録）…魚魯愚別録

（古今目録）…古今和歌集目録
（歌仙伝）……三十六人歌仙伝
（中古歌仙）…中古歌仙三十六人伝
（今昔）………今昔物語
（紹運録）……本朝皇胤紹運録
（分脈）………尊卑分脈
（纂要）………系図纂要

目次

山城国

寛平元年

寛平二年

寛平三年

寛平四年

寛平五年

寛平六年

寛平七年

寛平八年

寛平九年

守　従四位下平季長　正月任（明月記嘉禄元年正月六日条・勘例）蔵人頭左中弁　三月七日、廿六日、四月七日、八日見（東山御文庫本周易抄紙背）七月廿二日卒（紀略）蔵人頭右大弁侍従

　*蔵人頭右大弁平季長七月廿三日卒（職事補任）

守　従四位下兼覧王　七月十七日任（古今目録）

昌泰元年

守　従四位下兼覧王　五月十日任（中古歌仙）十月廿一日見（紀家集）

昌泰二年

昌泰三年

延喜元年

延喜二年

延喜三年

権掾　藤原当幹　二月任（補任延長元年条）左衛門尉*異補任天慶四年条は山城権大掾に作る　*五月七日補蔵人（補任同上）

延喜四年

*藤原当幹　正月七日叙従五位下、正月廿五日任下野守（補任延長元年条）

延喜五年

延喜六年

守　（従五位下）藤原忠房　八月見（体源抄・舞曲口伝・倭名類聚抄考証附録）　―見（舞楽図説）　*不審

延喜七年

延喜八年

延喜九年

延喜十年

守　従四位下源清平　正月十三日任（補任天慶四年条）

延喜十一年

*源清平　正月十三日任大和守（補任天慶四年条）

延喜十二年

延喜十三年

*前大目土形（名欠）　三月廿三日見（平二〇八）　五月一日見（平二〇九）

延喜十四年

*河内守脩平王　五月七日免本任放還（符宣抄第八）　元山城守

延喜十五年

守　正五位下藤原当幹　正月十二日任（補任延長元年条・弁官至要抄）　左少弁　*六月廿五日任木工頭（補任同上）

延喜十六年

延喜十七年

守　正五位下藤原扶幹　正月廿九日任（補任延長元年条）右中弁　十一月十七日叙従四位下（補任同上）

大目　紀良実　－秩満（紀家集裏文書）

延喜十八年

延喜十九年

守　従四位下藤原扶幹　四月十七日見（符宣抄第七）右中弁

延喜二十年

延喜二十一年

*藤原扶幹　正月卅日任左中弁（補任延長元年条）

守　従五位上源恵（忠）　正月卅日任（古今目録）治部大輔

延喜二十二年

延長元年

守　従五位上源恵（忠）　四月十日兼任斎院長官（古今目録）治部大輔　六月廿二日兼任右衛門権佐（古今目録）停輔

延長二年

延長三年

守　従四位上藤原忠房　正月廿日任（古今目録）正月卅日任（中古歌仙）

延長四年

延長五年

*藤原忠房　五月十二日任右京大夫（中古歌仙）

延長六年

延長七年

延長八年

承平元年

国司補任　山城国（承平二年～天慶五年）

承平二年

介　豊原貞村　十月廿五日見（大嘗会御禊部類記）

承平三年

守　従五位上源公忠　正月十三日任（歌仙伝）蔵人右少弁　九月廿八日見（東大寺一―三〇・東大寺寺務統譜）　十月廿四日兼任右中弁（歌仙伝）　*権右中弁か

承平四年

承平五年

承平六年

守　正五位下源公忠　十二月廿五日見（東大寺一―一〇六）　権右中弁　十二月廿九日見（東大寺一―一七二）

*源公忠　正月七日叙正五位下（歌仙伝）

承平七年

守　正五位下源公忠　―見（要略巻五六）

*源公忠　正月辞蔵人、九月任右中弁（歌仙伝）

*前司藤原公利　―見（要略巻五六）　源公忠の前任国司

天慶元年

天慶二年

守　従四位下源等　二月任（異補任天暦五年条）　十二月廿七日任（補任天暦元年条）

天慶三年

*源等　十二月六日任勘解由長官（補任天暦元年条）

天慶四年

大掾　清原仲山　十月廿七日復任（世紀）

*前掾藤原三辰　正月廿一日見（師守記貞和三年十二月十七日条）被殺害

天慶五年

権大掾　安倍恒春　四月九日見（世紀）
天慶六年
天慶七年
守　従四位下小野好古　二月廿一日任（補任天暦元年条）左中弁二月廿五日任（小野系図）
介　建部春□　五月三日見（九条殿記）
天慶八年
守　従四位下小野好古　八月十三日見（世紀）左中弁
小野好古*　十月十四日任大宰大弐（補任天暦元年条）
天慶九年
守　藤原朝頼　十月廿八日見（大嘗会御禊部類記）
天暦元年

天暦二年
天暦三年
権少目　清宗氏秀　－任（符宣抄第七天暦四年九月廿三日官符）
天暦四年
介　中野貞行　七月廿八日見（西宮記）
天暦五年
守　従四位下源俊　正月卅日遷右中弁（要略巻二五）
天暦六年
天暦七年
守　従四位上藤原元名　正月廿九日任（補任天徳二年条）
天暦八年
藤原元名*　三月十四日任大宰大弐（補任天徳二年条）

国司補任　山城国（天慶五年～天暦八年）

天暦九年
守　正五位下藤原文範　十二月廿五日見（東大寺続要録・東大寺尊勝院院主次第）左中弁　大*乗院寺社雑事記文明九年八月廿日条は天暦元年に作る
天暦十年
介　藤原季方　七月七日見（符宣抄第四）
天徳元年
天徳二年
天徳三年
天徳四年
応和元年
介　従五位下平兼盛　正月廿五日任（兼盛集）　正月任（歌仙伝）
応和二年
応和三年
平*兼盛　四月任大監物（歌仙伝）
康保元年
康保二年
康保三年
守　従四位下藤原為輔　正月廿七日任（補任天延三年条）
康保四年
守　従四位下藤原為輔　三月廿二日見（西宮記臨時一裏書）
十月五日見（北山抄）
藤*原為輔　十月七日任左京大夫（補任天延三年条）
安和元年

安和二年

守　従四位下藤原為輔　七月八日見（平三〇二）

*藤原為輔　四月廿八日任右中弁（補任天延三年条）

介　建部（名欠）七月八日見（平三〇二）

大掾　百済（名欠）七月八日見（平三〇二）

権少掾　坂田（名欠）七月八日見（平三〇二）

権少掾　島田（名欠）七月八日見（平三〇二）

天禄元年

天禄二年

天禄三年

天延元年

天延二年

天延三年

貞元元年

貞元二年

天元元年

天元二年

*菅原雅規　八月卒（分脉）　歴任山城守　*天満宮託宣記参照

天元三年

天元四年

天元五年

永観元年

永観二年

寛和元年

寛和二年

大和国

寛平元年

寛平二年

寛平三年

守　従五位上藤原継蔭　正月任（古今目録）

寛平四年

寛平五年

寛平六年

寛平七年

守　従五位上源精　正月十一日任（古今目録）

介　藤原光善　六月六日見（紀略）六月廿九日兼任右兵衛少尉（勘例）*元善に作る

寛平八年

寛平九年

昌泰元年

大掾　平篤行　二月廿三日任（古今目録）―遷伊勢権少掾（古今目録）

昌泰二年

昌泰三年

権少掾　正六位上安倍惟良　正月任（大成抄第二）

延喜元年

（守カ）　藤原和　十一月七日見（唐招提寺文書・平一八五）*平安遺文は源和に作る

（介カ）　百済（名欠）十一月七日見（平一八五）

大掾　藤原（名欠）十一月七日見（平一八五）
権大掾　小野（名欠）十一月七日見（平一八五）
少掾　大蔵是明　九月見（雑言奉和）
権大目　道守（名欠）十一月七日見（平一八五）

延喜二年

守　藤原（名欠）十二月廿八日見（平四五五一）
大掾　菅野（名欠）十二月廿八日見（平四五五一）
権大掾　小野（名欠）十二月廿八日見（平四五五一）
権少掾　文室（名欠）十二月廿八日見（平四五五一）
権少掾　高田（名欠）十二月廿八日見（平四五五一）　高田*奉案―任権少掾（大日本史）
権少掾　藤原（名欠）十二月廿八日見（平四五五一）
権少目　布勢（名欠）十二月廿八日見（平四五五一）
権少目　引田（名欠）十二月廿八日見（平四五五一）

延喜三年

介　従五位下藤原玄上　正月十一日任（補任延喜十九年条）少納言

国司補任　大和国（延喜元年～同九年）

延喜四年

延喜五年

藤原*玄上　正月十一日任播磨権介（補任延喜十九年条）

延喜六年

延喜七年

延喜八年

大掾　坂上是則　八月廿八日復任（歌仙伝）　古*今目録は権掾に作る
権大掾　藤原良風　十一月任（古今目録）右衛門尉
権少掾　坂上是則　正月任（古今目録）　歌*仙伝は掾に作る

延喜九年

延喜十年

延喜十一年

守　従四位下源清平　正月十三日任（補任天慶四年条）

延喜十二年

*坂上是則　三月廿七日任少監物（古今目録）

延喜十三年

延喜十四年

延喜十五年

権介　従五位下藤原伊衡　正月十二日任（補任承平四年条）左兵衛佐

*前守甘南備扶持　十二月廿八日見（符宣抄第八）

延喜十六年

*藤原伊衡　三月廿八日任右近衛権少将（補任承平四年条）

延喜十七年

権大掾　大原有用　正月五日見（紀家集裏文書）

延喜十八年

延喜十九年

延喜二十年

守　正五位下藤原忠房　正月卅日任（中古歌仙）　二月見（拾遺抄巻九）

延喜二十一年

守　正五位下藤原忠房　三月七日見（京極御息所褒子歌合）*躬恒集は二月七日に作る　三月見（袋草紙遺編・和歌合略目録）―見（袖中抄）

権守　従四位上兼覧王　正月卅日任（中古歌仙）　正月任（古今目録）

延喜二十二年

守　　従四位下藤原忠房　正月卅日任（古今目録）—任（顕昭法
　　橋万葉集時代難事）延喜二十年任か*
　　　藤原忠房　正月七日叙従四位下（中古歌仙）*

延長元年

延長二年
守　　従四位下藤原忠房　四月得替（古今目録）
守　　（菅原兼茂）四月廿二日見（貞信公記抄）大和国*
　　司とのみ見える
　　　大和介藤原清秀　藤原忠房大和守在任中見（後撰集）*

延長三年
目　　　坂上利春　—見（多武峯略記）

延長四年
　　　大和守菅原在躬　三月見（大日本史）不審*
守　　　菅原宣義　三月十日見（平二三二四）
権介　　当麻（名欠）三月十日見（平二三二四）
　　国司補任　大和国（延喜二十二年～承平元年）

大掾　　　文（名欠）　三月十日見（平二三二四）
権大掾　　置始（名欠）三月十日見（平二三二四）
権大掾　　南淵（名欠）三月十日見（平二三二四）
大目　　　長背（名欠）三月十日見（平二三二四）
権大目　　多（名欠）　三月十日見（平二三二四）

延長五年
守　　　菅原兼茂　十月見（扶桑）見任の確証なし*

延長六年
守　　正五位下伴保平　正月廿九日任（補任天慶二年条）

延長七年
権守　　従四位下藤原伊衡　正月廿九日任（補任承平四年条）左
　　近衛中将　異補任天慶元年条は大和守に作る*

延長八年

承平元年

承平二年
守　従四位上源清平　正月廿七日任（補任天慶四年条）
承平三年
（権守カ）守　正四位下橘公頼　正月十三日任（補任）参議右兵衛督
*異補任天慶四年条は大和権守に作る　二月十三日兼任左衛門督（補任）
承平四年
*源清平　正月九日叙正四位下（補任天慶四年条）
権守　正四位下橘公頼　－見（補任）参議左衛門督
承平五年
守　正四位下源清平　五月九日見（東大寺要録）
*橘公頼　二月廿三日任大宰権帥（補任）
権介　従五位上源兼忠　二月廿三日任（補任天暦八年条）左兵衛佐
承平六年
守　従四位上藤原忠文　正月廿九日任（補任天慶二年条）
守　従五位上藤原元名　八月十五日任（補任天徳二年条）九月任（異補任康保元年条）
承平七年
権守　（姓欠）良宗　四月見（大日本史）
介　藤原在景　四月見（大日本史）
大掾　秦弘安　四月見（大日本史）
少掾　藤原善鄰　四月見（大日本史）
権少掾　吉野（名欠）四月見（大日本史）
大目　菅原茂行　四月見（大日本史）
権大目　田中常興　四月見（大日本史）
天慶元年
天慶二年
守　藤原高寛　十月廿七日見（平二三一）

権介　源（名欠）　十月廿七日見（平二三三一）
権大掾　藤原了明　十月廿七日見（平二三三一）
少掾　朝明（名欠）十月廿七日見（平二三三一）
権少掾　吉野（名欠）十月廿七日見（平二三三一）
大目　文（名欠）　十月廿七日見（平二三三一）
権大目　錦織（名欠）十月廿七日見（平二三三一）
少目　丹比（名欠）十月廿七日見（平二三三一）
権少目　河内（名欠）十月廿七日見（平二三三一）

天慶三年

天慶四年

守　高階（名欠）八月十五日見（平四九〇四・信貴山資財宝物帳）
大掾　紀（名欠）　八月十五日見（平四九〇四）
権大掾　佐伯（名欠）八月十五日見（平四九〇四）
無（少カ）掾　朝明（名欠）八月十五日見（平四九〇四）
権少掾　菅野（名欠）八月十五日見（平四九〇四）
権大目　巨勢（名欠）八月十五日見（平四九〇四）
少目　丹波（名欠）八月十五日見（平四九〇四）
権少目　狛（名欠）　八月十五日見（平四九〇四）
権少目　大原（名欠）八月十五日見（平四九〇四）
*前守藤原元名　八月廿六日見（世紀）

天慶五年

守　高階師尚　四月廿五日叙正五位下（世紀）
介　惟宗公方　二月十日見（要略巻六七）大判事勘解由次官明法博士

天慶六年

権守　従四位下源雅信　二月廿七日任（補任天暦五年条・大鏡裏書）右近衛権中将

天慶七年

守　高階師尚　―見（符宣抄第七天暦三年正月廿七日官符）
介　従五位下藤原真忠　六月廿三日見（文粋第五）右近衛少将

国司補任　大和国（天慶七年～天暦七年）

*橘在列　—見（東塔法華堂壁画賛）大和権守
秘樹の子

天慶八年
守　従四位上藤原忠幹　—着任（多武峯略記）

天慶九年
守　藤原忠幹　四月廿八日見（即位部類記・天祚礼祀職掌録）

天暦元年
権守　正四位下伴保平　六月六日任（補任）参議大蔵卿

天暦二年
守　藤原忠幹　—見（多武峯略記）
権守　正四位下伴保平　—見（補任）参議大蔵卿

天暦三年
守　藤原忠幹　正月廿七日見（符宣抄第七）
権守　正四位下伴保平　—見（補任）参議大蔵卿

天暦四年
*伴保平　十月十五日致仕（補任）

天暦五年
権守　正四位下藤原師氏　正月卅日任（補任）参議右衛門督
*故大掾正六位上平秀行　五月十一日見（平二五九）

天暦六年
権守　正四位下藤原師氏　—見（補任）参議右衛門督
権介　従五位上藤原兼通　正月十六日任（補任安和二年条・摂関伝・大鏡裏書）左兵衛佐
権少掾　正六位上安岑高村　十一月廿五日見（平二六四）
*大目菅原茂行　十一月廿五日見（平二六四）*前大目か

天暦七年
権守　正四位下藤原師氏　—見（補任）参議右衛門督

天暦八年
権守　正四位下藤原師氏　一見（補任）　参議右衛門督
天暦九年
権守　正四位下源正明　二月七日任（補任）　参議弾正大弼
　　*藤原師氏　二月七日任権中納言（補任）
　　*藤原兼通　二月廿三日任紀伊権介（補任安和二年条）
天暦十年
権守　正四位下源正明　一見（補任）　参議弾正大弼
天徳元年
権守　正四位下源正明　一見（補任）　参議弾正大弼
大目　置始房平　八月十五日見（平二一七〇）
　*前掾藤原好陰　八月十五日見（平二一七〇）
天徳二年
権守　正四位下源正明　三月九日卒（補任）　参議弾正大弼
天徳三年
天徳四年
応和元年
守　高階（名欠）八月十八日見（東大寺続要録）
介　橘（名欠）　八月十八日見（東大寺続要録）
大掾　巨勢（名欠）八月十八日見（東大寺続要録）
権大掾　佐伯（名欠）八月十八日見（東大寺続要録）
権大掾　文（名欠）　八月十八日見（東大寺続要録）
権少掾　藤原（名欠）八月十八日見（東大寺続要録）
（権少掾）　仲（名欠）　八月十八日見（東大寺続要録）
（権少掾）　置（名欠）　八月十八日見（東大寺続要録）
（権少掾）　丹比（名欠）八月十八日見（東大寺続要録）
応和二年
守　従五位上藤原安親　八月廿八日任（補任永延元年条）　十一月六日見（西宮記巻六）

大掾　巨勢忠明　十二月廿六日見（西宮記臨時一）補
追捕使

応和三年

守　従五位上藤原安格（親）　三月廿三日見、四月廿三日見（東大
寺続要録）
権守　従四位上橘直幹　八月一日見（符宣抄第九）式部大輔
介　藤原（名欠）三月廿三日見、四月廿三日見（東大
寺続要録）
権介　伴（名欠）　三月廿三日見、四月廿三日見（東大
寺続要録）
大掾　巨勢（忠明）三月廿三日見、四月廿三日見（東大
寺続要録）追捕使
権大掾　大蔵（名欠）三月廿三日見、四月廿三日見（東大
寺続要録）
権大掾　文（名欠）　三月廿三日見、四月廿三日見（東大
寺続要録）
権少掾　日置（名欠）三月廿三日見、四月廿三日見（東大
寺続要録）
（権少掾）　丹比（名欠）三月廿三日見、四月廿三日見（東大
寺続要録）
大目　佐伯（名欠）三月廿三日見、四月廿三日見（東大
寺続要録）
権大目　忍海（名欠）三月廿三日見、四月廿三日見（東大
寺続要録）
少目　佐伯（名欠）三月廿三日見、四月廿三日見（東大
寺続要録）
権少目　紀良種　三月廿三日見、四月廿三日見（東大
寺続要録）
（権少目）　大中臣（名欠）三月廿三日見、四月廿三日見（東
大寺続要録）

康保元年

守　従五位上藤原安親　正月十八日見（西宮記臨時一裏書）
正月十九日見（春記長暦二年十月十一日条）
権大掾　大蔵満世　八月見（西宮記）

康保二年

康保三年
守　従五位上藤原安親　閏八月十五日見（内裏謌合）九月廿五日見（東大寺要録）
康保四年
*前介従五位上伴典職　康保末年見（空也誄）
安和元年
*藤原安親　正月十三日任左衛門佐（補任永延元年条）
安和二年
守　藤原国光　十一月一日見（多武峯略記）
天禄元年
*前介従五位上伴典職　七月見（空也誄・六波羅蜜寺縁起）
天禄二年
天禄三年
権大掾　佐伯禄（マヽ）雅文三月廿八日任カ（多武峯略記）
天延元年
天延二年
権守　従三位　源忠清　正月卅日任（補任）参議
*源忠清　十月廿八日任伊予守（補任）
権守　従四位上藤原為輔　十月廿八日任（補任天延三年条）右大弁
*右衛門権佐藤原共政　閏十月廿五日見（親信卿記）*二中歴に兼大和守と見える
天延三年
権守　従四位上藤原為輔　十一月廿七日兼任参議（補任）右大弁
貞元元年
権守　従四位上藤原為輔　―見（補任）参議右大弁

貞元二年
守　藤原国光　―見（多武峯略記）
権守　従四位上藤原為輔　正月七日叙正四位下（補任）　参議右大弁
天元元年
権守　従三位　源惟正　二月三日任（補任）　参議修理大夫
掾　高階信順　十月任（除目申文之抄）　文章得業生
天元二年
権守　従三位　源惟正　―見（補任）　参議修理大夫
天元三年
権守　従三位　源惟正　四月廿九日薨（補任）　参議修理大夫
権守　正四位下藤原懐忠　七月一日任（異補任寛弘六年条）　権左中弁
少目　正六位上河内高直　―任（大成抄第四）
天元四年
掾　正六位上大中臣正忠　秋遷播磨権少掾（大成抄第二）
天元五年
*藤原懐忠　正月卅日任備後権守（補任永祚元年条）
永観元年
権大掾　正六位上佐伯重規　―任（大成抄第四）
永観二年
少掾　紀忠宗　―任（大成抄第一上）
権少掾　海常忠　―任（大成抄第一上）
寛和元年
寛和二年
守　（姓欠）頼親　七月十三日見（一代要記）

河内国

寛平元年
権守　従四位下兼覧王　二月任（古今目録）
寛平二年
権大掾　矢田部名実三月九日任（古今目録）
寛平三年
寛平四年
兼覧王*　―任侍従（古今目録）
矢田部名実*三月十五日任阿波権掾（古今目録）
寛平五年
寛平六年
守　藤原（名欠）三月五日見（平補二五七）
権守　従四位上藤原有穂　正月十五日任（補任）参議中宮大夫
寛平七年
藤原有穂*　正月十一日任備前守（補任）
寛平八年
寛平九年
昌泰元年
昌泰二年
昌泰三年
守　源和　八月廿日見（平四五五〇）
介　多（名欠）八月廿日見（平四五五〇）
権介　百済（名欠）八月廿日見（平四五五〇）
大掾　大中臣弘蔭八月廿日見（平四五五〇）
権大掾　藤原（名欠）八月廿日見（平四五五〇）
権大掾　藤原（名欠）八月廿日見（平四五五〇）
少掾　高階（名欠）八月廿日見（平四五五〇）
少掾　紀（名欠）八月廿日見（平四五五〇）

権少掾　高階（名欠）八月廿日見（平四五五〇）

権大目　道守（名欠）八月廿日見（平四五五〇）

延喜元年

延喜二年

介　藤原有義　―任（大日本史）

延喜三年

（守）　源衆望　―任終（要略巻五七）

延喜四年

延喜五年

延喜六年

延喜七年

守　安世王　十月十八日見（西宮記）

延喜八年

延喜九年

延喜十年

延喜十一年

延喜十二年

延喜十三年

権大目　従七位上雑田部良経―任（大成抄第四）

延喜十四年

守　元山城守　脩平王　五月七日免本任放還（符宣抄第八）

延喜十五年

延喜十六年

延喜十七年
守　従四位上源清平　正月廿九日任（補任天慶四年条）　三月廿日見（西宮記）　十二月十一日見（平一〇八三）　*清平王と見える
延喜十八年
延喜十九年
延喜二十年
延喜二十一年
延喜二十二年
延長元年
延長二年
延長三年
延長四年
延長五年
延長六年
延長七年
延長八年
守　紀淑行　正月廿九日任（纂要）
承平元年
承平二年
承平三年
承平四年
承平五年
守　従五位上紀淑人　正月廿三日任（古今目録）

承平六年
紀*淑人　五月廿六日任伊予守（古今目録）

承平七年

天慶元年

天慶二年

天慶三年

天慶四年
守　藤原忠幹　八月廿六日見（世紀）

天慶五年
守　藤原忠幹　正月五日見（九条殿記）

天慶六年

天慶七年

天慶八年

天慶九年

天暦元年

天暦二年
守　従五位上紀淑人　正月卅日任（古今目録）

天暦三年

天暦四年
守　紀淑人　三月廿日見（平一〇八三）
権少掾　源劇　七月廿六日遷主殿首（御産部類記）
大*納言源清蔭　七月三日薨（補任）清蔭室韶子内親王後配河内守橘惟風　一*代要記参照

天暦五年
権少掾　清原元輔　正月任（歌仙伝）　十月卅日見（後撰和歌集奥書・後撰集新抄・顕昭法橋万葉集時代難事・源順集）　河*

内掾に作る

天暦六年

天暦七年

天暦八年

天暦九年

天暦十年

天徳元年

守　従四位下藤原国風　十一月十日見（西宮記臨時六）

前守従四位上藤原忠幹*　十一月十日見（西宮記臨時六）

天徳二年

天徳三年

天徳四年

応和元年

応和二年

応和三年

守　藤原倫寧　正月任（補任正暦三年菅原輔正条）

元左衛門権佐

康保元年

康保二年

康保三年

康保四年

安和元年

安和二年

権守　従五位下清原元輔　十月任（歌仙伝）

天禄元年

天禄二年

守　伴清廉　六月任防鴨河使（勘例）

天禄三年

天延元年

天延二年

清原元輔*　正月任周防守（歌仙伝）

天延三年

貞元元年

貞元二年

天元元年

天元二年

天元三年

天元四年

天元五年

永観元年

守　（姓欠）祐忠　二月廿六日遷安芸権守（補任正暦五年源扶義条）

守　従五位下源扶義　二月廿六日任（補任正暦五年条）元安芸権守

永観二年

源扶義*　八月九日叙従五位上（補任正暦五年条）

寛和元年

寛和二年

源扶義* 十一月十八日叙正五位下（補任正暦五年条）

和泉国

寛平元年

寛平二年

寛平三年

寛平四年

寛平五年

寛平六年

寛平七年

寛平八年

寛平九年

昌泰元年

昌泰二年

昌泰三年

延喜元年

延喜二年

延喜三年

延喜四年

延喜五年

延喜六年

延喜七年

延喜八年
延喜九年
延喜十年
延喜十一年
権掾　凡河内躬恒　正月十三日任（古今目録・歌仙伝）
延喜十二年
延喜十三年
延喜十四年
延喜十五年
延喜十六年
守　従五位下大蔵真明　三月廿八日任（外記補任）元大外記
延喜十七年
延喜十八年
延喜十九年
延喜二十年
延喜二十一年
延喜二十二年
守　大蔵真明　五月遷主税頭（勘例）
延長元年
延長二年
延長三年
延長四年
延長五年
延長六年

延長七年
延長八年
承平元年
承平二年
承平三年
承平四年
前司藤原文林[*]　―見（要略巻六〇）
承平五年
承平六年
守　従五位下藤原守義　正月廿九日任（補任天禄三年条）
承平七年

天慶元年
守　従五位下藤原守義　十月十九日復任（世紀）
天慶二年
天慶三年
天慶四年
藤原守義[*]　三月廿九日任阿波守（補任天禄三年条）
天慶五年
天慶六年
天慶七年
天慶八年
天慶九年

天暦元年
*普子内親王十一（七）月薨（一代要記）配和泉守藤原位遠（俊連カ）

天暦二年

天暦三年

天暦四年

天暦五年

天暦六年

天暦七年

天暦八年

天暦九年

天暦十年

天徳元年

天徳二年

天徳三年

天徳四年

応和元年

応和二年

応和三年

康保元年

康保二年

康保三年

康保四年

守　従五位下源順　正月廿日任（源順集）　正月任（歌仙伝）

前々司*藤原俊連　十二月一日見（符宣抄第八）

次守*源済　十二月一日見（符宣抄第八）

次守*藤原定忠　十二月一日見（符宣抄第八）

次守*藤原陳忠　十二月一日見（符宣抄第八）

前守*従五位上菅原雅規　八月三日見（符宣抄第八十二月一日宣旨）　*藤原俊連以下は源順以前代々の和泉守

安和元年

安和二年

天禄元年

天禄二年

天禄三年　前守*源順　八月廿八日見（斎宮歌合・古今著聞集巻一九）　*袋草紙遺編は九月廿八日に作る

天延元年

天延二年

天延三年

貞元元年　散位*従五位上源順　正月廿八日見（文粋第六）　依和泉功望淡路守

貞元二年

天元元年

天元二年

守　従五位下ヵ慶滋保章　正月任（外記補任天延三年条尻付）

天元三年

天元四年

天元五年

永観元年

永観二年

寛和元年

寛和二年

摂津国

寛平元年

寛平二年

寛平三年

寛平四年

寛平五年

寛平六年

寛平七年

寛平八年

寛平九年

昌泰元年

昌泰二年

昌泰三年

延喜元年

守　従五位下源当純　七月廿五日任（古今目録）

前守源兼則*　正月廿七日任阿波権守（要略巻二二）

左降*

延喜二年

延喜三年
源当純* 二月任少納言（古今目録）
延喜四年
権守 従四位上源宗于 二月廿六日任（歌仙伝） 二月任（古今目録）
延喜五年
源宗于* 正月十一日任兵部大輔（歌仙伝）
延喜六年
延喜七年
延喜八年
延喜九年
延喜十年
延喜十一年
延喜十二年
延喜十三年
延喜十四年
延喜十五年
延喜十六年
権守 従四位上源宗于 正月任（古今目録）
延喜十七年
権大掾 正六位上三薗蔭実 正月五日見（紀家集裏文書）
延喜十八年
延喜十九年
延喜二十年

国司補任 摂津国（延喜三年～同二十年）

延喜二十一年

延喜二十二年

守　従五位下藤原尹文　正月廿九日任（蔵人補任）　*正月七日叙爵、元蔵人主殿助

*摂津守藤原忠房、新司藤原治方延喜中ヵ見（後撰和歌集一五）

延長元年

*玄鑒　七月廿二日補天台座主（天台座主記）

摂津守高階茂範の子

延長二年

延長三年

延長四年

守　従四位下藤原忠文　正月廿九日任（補任天慶二年条）

介　（姓欠）武仲　十一月十七日見（西宮記）

延長五年

延長六年

延長七年

延長八年

*前守従四位下藤原忠文　十一月廿一日見（天祚礼祀職掌録）

承平元年

承平二年

承平三年

承平四年

承平五年

守　従五位下藤原有相　二月廿三日任（補任天暦九年条）

承平六年

承平七年

天慶元年

守　従五位下藤原有相　正月七日叙従五位上（貞信公記抄・補任天暦九年条）―見（要略巻五五）　七月十六日復任（世紀・補任同上）

国司　*故前司源整　―見（要略巻五五）　*藤原有相の前任

天慶二年

天慶三年

天慶四年

天慶五年

守　藤原成国　四月十五日見（世紀）　斎院長官

天慶六年

天慶七年

天慶八年

守　従五位下藤原文範　三月廿八日任（補任康保四年条）　七月廿八日見（世紀・石清水五―一九〇）　八月二日見（玉類抄・吏部王記）

大目　正六位上池原安房　七月廿八日見（世紀・石清水五―一九〇）

天慶九年

天暦元年

天暦二年

天暦三年

天暦四年

守　*藤原文範　七月五日任右衛門権佐（補任康保四年条）

天暦五年

守　藤原佐忠　十月十七日見（群載第二一）
権守　藤原（名欠）十月十七日見（群載第二一）
介　六人部（名欠）十月十七日見（群載第二一）
権介　多（名欠）　十月十七日見（群載第二一）
大掾　藤原（名欠）十月十七日見（群載第二一）
少掾　平（名欠）　十月十七日見（群載第二一）
大目　紀（名欠）　十月十七日見（群載第二一）
少目　尾張（名欠）十月十七日見（群載第二一）

天暦六年

天暦七年

天暦八年

天暦九年

天暦十年

天徳元年
守　従五位下藤原安親　正月廿七日任（補任永延元年条）

天徳二年
大目　壬生忠見　正月卅日任（歌仙伝）｜任（和歌色葉集）

天徳三年
守　従五位下藤原安親　四月五日見（符宣抄第七）八月一日見（闘詩行事略記・内裏詩合）
目　従七位上六人部是興（四月五日見（符宣抄第七）

天徳四年
権守　従五位下大江斉光　正月七日任（補任天元四年条）

応和元年
*藤原安親　十月十三日任民部少輔（補任永延元年条）
守（権守カ）　従五位下大江斉光　三月廿五日任東宮学士（春宮坊官補任）
権少目　若江（名欠）五月十五日見（群載第七）

応和二年　大江斉光*　八月任民部少輔（補任天元四年条）
応和三年
康保元年
康保二年
守　橘仲遠　八月十三日見（釈日本紀）博士
康保三年
康保四年　摂津守さたひら*　村上帝御時見（忠見集）
安和元年
介　在原義行　五月廿日被刺殺、五月廿二日卒（紀略）
安和二年　国司補任　摂津国（応和二年～貞元二年）

天禄元年
（守）　源相規　―見（符宣抄第八正暦五年十二月廿九日官符）
天禄二年
天禄三年
天延元年
守　源満仲　四月廿四日見（日本新国史）
天延二年
守　従四位下藤原時柄　六月廿七日任（枕草子くちおしき物）
天延三年
貞元元年
貞元二年　前司すけのり*　八月十六日見（左大臣藤原頼忠家歌

合）　源*相規か

天元元年

天元二年

少掾　正六位上安倍以清　ー任（大成抄第一下）

天元三年

天元四年

権少目　若江（名欠）正月見（大日本史）

天元五年

永観元年

守　源満仲　三月廿五日還任（作者部類）

権大目　正六位上立野兼理　ー任（大成抄第四）

永観二年

寛和元年

寛和二年

藤原*安親　六月廿三日補蔵人頭（御歴代抄）摂津守尹正の子　補任*永延元年条は摂津守中正の子に作る

伊賀国

寛平元年

寛平二年

守　従五位下橘良殖　正月廿八日任（補任延喜十九年条）

寛平三年

寛平四年

寛平五年

寛平六年

寛平七年　橘*良殖　正月十一日任遠江守（補任延喜十九年条）

寛平八年

寛平九年

昌泰元年

掾　正七位下藤原善基　二月遷玄蕃大允（大成抄第八上）

掾　従八位下多治高助　二月任（大成抄第八上）元玄蕃大允

昌泰二年

守　菅原千乗　十二月三日見（平一九九八）

昌泰三年

延喜元年

延喜二年

延喜三年

延喜四年

延喜五年

延喜六年

延喜七年

延喜八年

延喜九年

延喜十年

延喜十一年

延喜十二年

延喜十三年

延喜十四年

延喜十五年

延喜十六年

延喜十七年

延喜十八年

延喜十九年

延喜二十年

延喜二十一年

延喜二十二年

延長元年

延長二年

権守　小野（名欠）―見（大日本史料一―五所収鳥居大路文書）丹波目代

延長三年

延長四年

延長五年

延長六年

延長七年

延長八年

承平元年

承平二年

承平三年

承平四年

守　滋野（名欠）十一月十九日見（平二四四）

権掾　橘（名欠）　十一月十九日見（平二四四）

目　日置豊秀　十一月十九日見（平二四四）

権目　高橋（名欠）十一月十九日見（平二四四）

前司源昭*　―見（要略巻五七）

承平五年

承平六年

承平七年

天慶元年

天慶二年

天慶三年

守　伴清廉　―任（鶴岡八幡宮神主大伴系譜）

不審*

天慶四年

天慶五年

天慶六年

天慶七年

天慶八年

天慶九年

天暦元年

天暦二年

天暦三年

天暦四年

天暦五年

天暦六年

天暦七年

天暦八年

天暦九年

天暦十年

天徳元年

天徳二年

守　藤原（忠厚）十二月十日見（平二七一）　大介*

目　高橋（名欠）十二月十日見（平二七一）

天徳三年

守　藤原忠厚　四月五日見（平一九九八）

天徳四年

守　藤原忠厚　二月廿二日見（平一九九八）

応和元年

応和二年

応和三年

守　伴清廉　十一月十日見、閏十二月三日見（平一九九八）

康保元年

康保二年

康保三年

康保四年

守　源超　二月十日見（西宮記）

安和元年

守　従五位下藤原仲文　二月廿二日任符請印（符宣抄第八）

*歌仙伝は正月任加賀守に作る

安和二年

天禄元年

天禄二年

介　藤原（名欠）五月廿二日見（平三〇四）

（掾カ）　源致忠　六月任防鴨河使判官（勘例）

天禄三年

天延元年

天延二年

守　藤原景舒　十一月一日見（親信卿記）

掾　和忠□　七月三日見（平三〇八）

天延三年

貞元元年

貞元二年

天元元年

天元二年

天元三年

天元四年

天元五年

永観元年

永観二年

寛和元年

寛和二年

伊勢国

寛平元年

寛平二年

寛平三年

　藤原継蔭*　正月任大和守（古今目録）

権守　従四位下藤原高藤　三月九日任（補任寛平六年条）兵部大輔

寛平四年

　藤原高藤*　正月廿三日任播磨権守（補任寛平六年条）

権守　従四位下藤原清経　正月廿三日任（補任昌泰三年条）右近衛中将

寛平五年

少掾　小野美材　正月十一日任（古今目録）

寛平六年

権介　従五位下惟良高望　正月十五日任（外記補任）元大外記

　小野美材*　正月十五日任少内記（古今目録）

寛平七年

寛平八年

寛平九年

　藤原清経*　正月十一日任備中守（補任昌泰三年条）

昌泰元年

権少掾　平篤行　―任（古今目録）

昌泰二年

　平篤行*　正月十一日任式部少丞（古今目録）

大目　従七位上甲賀於雄　二月十一日任（局中宝）甲可拾雄*に作る　―任（大成抄第四）魚魯*は従七位下に作る

昌泰三年
権介　従五位上三善清行　十一月廿一日見（革命・革暦類・革勘例）文章博士
延喜元年
権介　従五位上三善清行　二月廿一日見（革暦類・革勘例）二月廿二日見（革命・革命勘文）文章博士
延喜二年
延喜三年
権守　正四位下十世王　正月十一日任（補任）参議宮内卿
権大目　村公当世　―任（大成抄第一上）
延喜四年
守　正四位下源湛　正月廿五日任（補任）参議刑部卿
権守　正四位下十世王　―見（補任）参議宮内卿
延喜五年
守　正四位下源湛　―見（補任）参議刑部卿
権守　正四位下十世王　―見（補任）参議宮内卿
延喜六年
守　正四位下源湛　―見（補任）参議刑部卿
権守　正四位下十世王　―見（補任）参議宮内卿　閏十二月十七日見（日本紀竟宴和歌）
延喜七年
守　源長猷　二月十（廿カ）九日任（一代要記）
*源湛　二月廿九日任近江権守（補任）
延喜八年
*源長猷　―任近江守（一代要記）
延喜九年
延喜十年

延喜十一年

延喜十二年

権大掾　藤原三仁　八月廿八日見（平二〇七）左京亮

史生　丸部安沢　―任（符宣抄第八延喜二十年六月十九日解）

延喜十三年

延喜十四年

大目　正六位上丸部氏経　―任（大成抄第三下）

*（前司）在原一貫　―見（要略巻五三）

延喜十五年

延喜十六年

*（前司）小野葛根　―見（要略巻五四）

延喜十七年

（権守）従三位　源長猷　八月五日見（紀家集裏文書）刑部卿

延喜十八年

権守　従二（三）位　源長猷　九月廿九日薨（西宮記）刑部卿　十月十五日見（西宮記）*故人

延喜十九年

介　従五位下和利親　正月廿八日任（外記補任）元大外記

延喜二十年

守　従四位上源悦　正月卅日任（補任）参議修理大夫　九月廿二日任宮内卿（補任）

延喜二十一年

*源悦　正月卅日任近江守（補任）

権守　従四位下大中臣安則　正月任（類聚大補任）神祇伯

延喜二十二年

*和利親　八月任筑後守（外記補任延喜十九年条尻付）

延長元年

守　従五位上伴保平　正月十二日任（補任天慶二年条）

延長二年

延長三年

延長四年

延長五年

延長六年

伴*保平　正月廿九日任大和守（補任天慶二年条）

権守　正四位下源是茂　正月廿九日任（補任承平四年条）左兵衛督左京大夫

延長七年

権守　正四位下源是茂　十月十日見（平二三三二）左兵衛督左京大夫

延長八年

源*是茂　正月廿九日任紀伊権守（補任承平四年条）

承平元年

承平二年

権守　従四位上源宗于　八月卅日任（歌仙伝）　八月任（古今目録）

介　佐味（名欠）十一月廿三日見（平四五六〇）

大掾　伴（名欠）　十一月廿三日見（平四五六〇）

少掾　藤原（名欠）十一月廿三日見（平四五六〇）

権大目　大宅（名欠）十一月廿三日見（平四五六〇）

承平三年

源*宗于　十月廿四日任右京大夫（歌仙伝）

承平四年

守　藤原伊扶　四月十六日見（西宮記・吏部王記）

承平五年

承平六年

権守　従四位上源正明　正月廿九日任（補任天暦五年条）右近衛中将

承平七年

源正明*　三月八日任紀伊権守（補任天暦五年条）

天慶元年

国司　源衆望　十一月十五日見（貞信公記抄）前*司か

天慶二年

守　藤原繁時　七月二日叙正五位下（貞信公記抄）

天慶三年

掾　（姓欠）義友二月廿六日任（貞信公記抄）元内竪頭

天慶四年

権守　従四位上源正明　三月廿八日任（補任天暦五年条）右近衛中将

天慶五年

天慶六年

天慶七年

天慶八年

介　藤原国均　正月五日見（九条殿記）

天慶九年

権介　従五位下安倍真能　二月七日任（外記補任）元大外記

天暦元年

守　従五位上藤原守義　二月一日任（補任天禄三年条）

天暦二年

　*藤原守義　正月十一日任越前守（補任天禄三年条）

守　従四位下橘惟風　六月廿二日見、十二月三日見（要略巻六〇）

少目　正六位上河内良兼　六月廿二日見、十二月三日見（要略巻六〇）

権少目　従七位下尾張忠連　六月廿二日見、十二月三日見（要略巻六〇）

天暦三年

権守　従四位上大江朝綱　正月廿四日任（補任天暦七年条）左中弁

天暦四年

天暦五年

（守）　藤原国風　九月十五日見（慶延記）　*この日以前に卒去

　*大江朝綱　正月卅日任左大弁（補任天暦七年条）

天暦六年

権守　従四位上藤原朝忠　正月十一日任（補任）　左近衛中将　*異補任康保三年条は紀伊権守に作る　正月任（歌仙伝）　十二月一日任参議（補任）

介　従五位上多治実相　正月廿六日任（外記補任）　大外記　*任権介か

天暦七年

　*藤原朝忠　正月廿九日任備前守（補任）

権介　従五位上多治実相　―見（外記補任）　大外記

天暦八年

権介　従五位上多治実相　―見（外記補任）　大外記

国司補任　伊勢国（天暦九年～安和元年）

天暦九年
権介　従五位上多治実相　―見（外記補任）大外記
天暦十年
多*治実相　正月廿七日任肥前守（外記補任）
権少掾　大原忠亮　―任（外記補任天延元年条）
天徳元年
天徳二年
参*議源正明　三月九日卒（補任）　伊*勢守もろみち女正明に配す（大和物語）
天徳三年
天徳四年
応和元年
応和二年
守　小野保衡　五月廿六日見（紀略・西宮記）
応和三年
康保元年
康保二年
権守　従四位上源重光　五月十一日任（補任）参議宮内卿
康保三年
権守　従四位上源重光　―見（補任）参議宮内卿
権守　正四位下藤原朝成　九月任（異補任）参議右衛門督検非違使別当　任*伊予守か
康保四年
権守　従四位上源重光　十月十一日叙正四位下（補任）参議宮内卿
安和元年

権守　正四位下源重光　六月十四日兼任右兵衛督（補任）参議宮内卿　十一月十四日遷播磨権守（補任）

権守　従四位上源延光　十一月任（補任）参議右近衛中将、元播磨権守

安和二年

権守　従四位上源延光　八月十三日兼任春宮大夫（補任）参議右近衛中将　九月廿一日叙正四位下（補任）

天禄元年

権守　正四位下源延光　―見（補任）参議春宮大夫右近衛中将　*八月五日任権中納言（補任）

天禄二年

天禄三年

守　従四位下藤原安親　正月廿四日任（補任永延元年条）

天延元年

天延二年

天延三年

貞元元年

守　藤原倫寧　三月廿日見（紀略）　*石清水五―三七

○は伊予守に作る

貞元二年

目　清岡時正　―停（魚魯・魚魯別録）

目　磯部貞扶　―任（魚魯・魚魯別録）

天元元年

天元二年

天元三年

天元四年

天元五年

守　藤原奉高　六月一日兼任斎宮権頭（小右記）

介　藤原高頼　―任ヵ（小右記三月五日条）

永観元年

権大目　正六位上海経佐　―任（大成抄第四）

永観二年

寛和元年

寛和二年

大掾　正六位上宮道忠光　―任（大成抄第一上）

大目　従七位上秦常瀧　―任（大成抄第一上）

志摩国

寛平元年

寛平二年

寛平三年

寛平四年

寛平五年

寛平六年

寛平七年

寛平八年

寛平九年

昌泰元年

昌泰二年

昌泰三年

延喜元年
延喜二年
延喜三年
延喜四年
延喜五年
延喜六年
延喜七年
延喜八年
延喜九年
延喜十年
延喜十一年

延喜十二年
延喜十三年
延喜十四年
延喜十五年
延喜十六年
延喜十七年
延喜十八年
延喜十九年
延喜二十年
延喜二十一年
延喜二十二年

延長元年

延長二年

延長三年

延長四年

延長五年

守　（高橋）氏胤　九月見（太神宮諸雑事記）　十月十三日停釐務（太神宮諸雑事記）

延長六年

延長七年

延長八年

承平元年

承平二年

承平三年

承平四年

承平五年

承平六年

承平七年

天慶元年

天慶二年

天慶三年

天慶四年

天慶五年

天慶六年
天慶七年
天慶八年
天慶九年
天暦元年
天暦二年
天暦三年
天暦四年
天暦五年
天暦六年
天暦七年
天暦八年
天暦九年
天暦十年
天徳元年
天徳二年
天徳三年
天徳四年
応和元年
応和二年
応和三年
康保元年

康保二年
康保三年
康保四年
安和元年
安和二年
天禄元年
天禄二年
天禄三年
天延元年
天延二年
天延三年

貞元元年
貞元二年
天元元年
天元二年
天元三年
天元四年
天元五年
永観元年
永観二年
寛和元年
寛和二年

尾張国

寛平元年
寛平二年
寛平三年
寛平四年
介　従五位下紀長谷雄　正月廿六日任（補任延喜二年条）文
章博士
紀*長谷雄　五月廿三日任讃岐介（補任同上）
寛平五年
寛平六年
寛平七年
寛平八年
権守　従五位下藤原定方　二月十二日任（古今目録）二月十五
日任（補任延喜九年条）
寛平九年　藤原*定方　七月五日任右近衛少将（補任延喜九
年条）
昌泰元年
昌泰二年
昌泰三年
権守　従五位下平伊望　五月十五日任（補任延長五年条）
延喜元年
大守（権守カ）　従五位下平伊望　九月見（雑言奉和）
延喜二年
延喜三年

延喜四年

延喜五年

*平伊望　四月五日任中務少輔（補任延長五年条）

延喜六年

延喜七年

延喜八年

延喜九年

延喜十年

延喜十一年

延喜十二年

延喜十三年

延喜十四年

延喜十五年

延喜十六年

延喜十七年

延喜十八年

延喜十九年

延喜二十年

延喜二十一年

延喜二十二年

延長元年

延長二年

延長三年

介　正六位上橘君行　―任（大成抄第八下）

延長四年

延長五年

延長六年

延長七年

延長八年

承平元年

守　橘秘樹　三月廿九日見（貞信公記抄）

承平二年

承平三年

承平四年

承平五年

承平六年

承平七年

天慶元年

天慶二年

守　藤原ヵ共理　八月十一日見（貞信公記抄・紀略）

＊被射殺

守　源宗海　八月廿七日任（世紀）

天慶三年

天慶四年

天慶五年

天慶六年

守　藤原興方　三月七日任符請印（符宣抄第八）元
主殿助

天慶七年

天慶八年

天慶九年

守　従五位下藤原興方　十月廿八日見（大嘗会御禊部類記）

天暦元年

介　従五位下時原維材　五月四日見（符宣抄第九）侍医権医
博士

天暦二年

天暦三年

権介　良岑是並　五月廿七日見（九条殿記）六月十日
見（九条殿記）

天暦四年

天暦五年

天暦六年

天暦七年

天暦八年

権少目　従七位下阿刀兼遠　―任（大成抄第四）

天暦九年

守　従五位下藤原為輔　二月七日任（補任天延三年条）*三月
廿八日叙従五位上（補任同上）

天暦十年

天徳元年

天徳二年

天徳三年
守　藤原文正　正月任（夜鶴庭訓抄）
天徳四年
応和元年
守　藤原文正　六月一日見（西宮記）
権守　従四位下橘直幹　六月廿日見（符宣抄第七）式部大輔
応和二年
応和三年
守　従五位上藤原守平　八月廿一日見（符宣抄第七）
大目　正六位上氷（名欠）　八月廿一日見（符宣抄第七）
康保元年
康保二年
康保三年

康保四年
守　従五位上橘恒平　正月廿日任（補任永観元年条）
安和元年
安和二年
天禄元年
天禄二年
権守　正四位上源忠清　正月廿九日任（補任天延元年条）右近衛中将
天禄三年
*橘恒平　正月十四日任美濃守（補任永観元年条）
天延元年
*源忠清　三月廿一日任参議（補任）

天延二年
守　藤原連貞（真）　五月廿三日停任（紀略）
守　藤原永頼　五月廿三日任（親信卿記・紀略）八
月廿三日見（親信卿記）
天延三年
貞元元年
貞元二年
天元元年
天元二年
天元三年
権守　正四位下菅原文時　正月五日見（文粋第六）式部大輔文
章博士
天元四年

掾　正六位上民全成　秋任（大成抄第二下・魚魯別録）
権大目　額田秀倫　―秩満（大成抄第二下）＊魚魯別録は
目に作る
天元五年
権掾　藤原佐正　―停任（大成抄第二上）
権掾　従七位上葛野維隻　―任（大成抄第二上）
永観元年
永観二年
権守　従四位上藤原公任　二月一日任（補任正暦三年条・中古
歌仙）左近衛権中将
介　外従五位下国雅章　二月一日任（外記補任）元大外記
少目　正六位上語有忠　―任（魚魯）元民部史生
寛和元年
寛和二年
守　藤原元命　―見（平三三九）

*藤原公任　三月五日任伊予権守（補任正暦三年
条）

参河国

寛平元年

寛平二年

寛平三年

寛平四年

寛平五年

寛平六年

掾　正六位上菅原高視　八月十六日任（葉黄記宝治元年四月
廿七日条）

寛平七年

寛平八年

寛平九年

権介　従五位下大蔵善行　十一月廿三日叙従五位上（外記補任）
大外記

昌泰元年

介　従五位下布留今道　正月廿九日任（古今目録）

権介　従五位上大蔵善行　｜見（外記補任）　大外記

権大目　従七位上尾張栗主　二月任（大成抄第一下）

昌泰二年

権介　従五位上大蔵善行　｜見（外記補任）　大外記

昌泰三年

*従五位上勘解由次官大外記参河権介大蔵善行　昌
泰中見（三実序）

延喜元年

掾　大春日晴蔭　正月廿七日任（要略巻二二）　左降、元右大史*

延喜二年

延喜三年

守　従五位下平篤行　正月任（古今目録）

延喜四年

延喜五年

延喜六年

延喜七年

守　従五位下平篤行　正月得替（古今目録）

守　従五位下源等　正月十三日任（補任天暦元年条）

介　正六位上源当季　―任（大成抄第四）

延喜八年

延喜九年

延喜十年

権守　従四位上源宗于　二月任（古今目録）　右馬頭　延喜十二年任か*

介　従五位下平定文　正月十三日任（古今目録・中古歌仙）

延喜十一年

延喜十二年

権守　従四位上源宗于　十月五日任（歌仙伝）　右馬頭

延喜十三年

平定文*　正月廿八日任侍従（古今目録・中古歌仙）

延喜十四年

延喜十五年

延喜十六年
源*宗于　六月廿五日任相摸守（歌仙伝）
権守　従四位上源清平　八月廿九日任（補任天慶四年条）
延喜十七年
源*清平　正月廿九日任河内守（補任天慶四年条）
延喜十八年
延喜十九年
守　従五位下紀済行　正月任（蔵人補任）正*月十七日叙爵、元蔵人式部少丞
延喜二十年
延喜二十一年
延喜二十二年

延長元年
権介　従五位上平定文　六月廿二日任（古今目録）左兵衛佐
九*月廿七日卒（古今目録）
延長二年
延長三年
延長四年
延長五年
延長六年
権守　従五位下源兼忠　正月廿九日任（補任天暦八年条）
六*月九日任侍従（補任同上）
延長七年
権守　従四位下紀淑光　正月廿九日任（補任承平四年条）左中弁　二月廿五日見（東大寺一—二〇九）

延長八年
権守　従四位下紀淑光　八月十五日見（要略巻五六）左中弁
紀*淑光　十一月廿一日叙従四位上（補任承平四年条）
権介　従五位下大江朝綱　正月廿九日任（補任天暦七年条）大内記　十*二月十七日任民部少輔（補任同上）
承平元年
権守　従四位上紀淑光　五月五日見（東大寺一―二一〇）勘解由長官左中弁　五月七日見（慶延記・醍醐寺要書）
紀*淑光　三月十三日任勘解由長官（補任承平四年条）
承平二年
権守　従四位上紀淑光　八月五日見（平四五六〇）勘解由長官左中弁
承平三年

紀*淑光　十月廿四日任右大弁（補任承平四年条）
承平四年
承平五年
承平六年
承平七年
天慶元年
天慶二年
守　（姓名欠）　閏七月五日任（貞信公記抄）
天慶三年
天慶四年
権守　従四位下大江維時　三月廿八日任（補任天暦四年条）大学頭

天慶五年　大*江維時　三月廿九日任備前守（補任天暦四年条）

天慶六年　前*守従五位上源治　十二月廿四日見（西宮記・日本紀竟宴和歌）

天慶七年

天慶八年

天慶九年

権掾　藤原連真　十月廿八日見（大嘗会御禊部類記）

天暦元年

天暦二年

介　野中ヵ安行　十二月十四日辞（貞信公記抄）

*大法師浄蔵伝に野中安行の任参河守を相すること所見あり

天暦三年

天暦四年

天暦五年

天暦六年

天暦七年

守　従五位下紀理綱　正月廿九日任（外記補任）元大外記

天暦八年

天暦九年

天暦十年

権介　外従五位下文武並　正月廿七日任（外記補任）元大外記

天徳元年

天徳二年　文武並*　正月任伯耆守（外記補任天暦十年条尻付）

天徳三年

天徳四年

応和元年

応和二年

応和三年

権守　従五位下紀伊輔　八月一日見（符宣抄第九）

康保元年

康保二年

康保三年

康保四年

安和元年

安和二年

天禄元年

天禄二年

天禄三年

故守*（姓欠）遠名　五月三日見（廬山寺文書）

天延元年

天延二年

権介　従五位下弓削仲宣　十一月廿八日任（外記補任）元大外記

天延三年

権守　藤原惟成　三月十日見（一条大納言家歌合）
＊類聚歌合は経成に作る

貞元元年
権守　従五位下藤原惟成　三月三日見（御産部類記）

貞元二年

天元元年

天元二年
権守　藤原惟成　五月見（源順集）

天元三年

天元四年
介　清原朝佐　―停（大成抄第二下）
介　従五位下立野惟実　正月廿九日任（外記補任）元大外記

天元五年

永観元年

永観二年
権守　源為憲　十一月見（三宝絵詞序）
＊立野惟実　二月一日任安房守（外記補任天元四年条尻付）
大目　正六位上柏原茂明　―任（大成抄第二上）
権少目　国兼保　―停（大成抄第二上）

寛和元年

寛和二年
権守　源為憲　三月廿一日見（円融院御受戒記）
三月廿二日見（東大寺要録）
＊参河入道大江定基　―入唐（帝王編年記）　不＊審

遠江国

寛平元年

寛平二年
寛平三年
寛平四年
寛平五年
寛平六年
寛平七年
守　従五位下橘良殖　正月十一日任（補任延喜十九年条）
*二月十四日叙従五位上（補任同上）
寛平八年
寛平九年
昌泰元年
昌泰二年
守　従五位下島田房年　正月十一日任（外記補任）元少外記
昌泰三年
守　従五位下藤原忠行　正月十三日任（古今目録）元散位頭
延喜元年
権掾　勝諸明　正月廿七日任（要略巻二二）*左降
延喜二年
権少目　安倍春栄　正月十一日任（魚魯）
延喜三年
延喜四年
守　従五位下平中興　正月廿五日任（古今目録）
延喜五年
守　従五位下平中興　七月一日見（西宮記）

延喜六年　　　　　　　　　　前司巨勢共頼*　一見（要略巻五三）
延喜七年　　　　　　　　　橘良殖*　正月十二日任近江権守（補任延喜十九年条）
延喜八年
延喜九年
延喜十年　　　　　　平中興*　正月十三日任讃岐守（古今目録）
延喜十一年
介　従五位上橘良殖　正月十三日任（補任延喜十九年条）
任近江介か*
延喜十二年
延喜十三年
延喜十四年

延喜十五年
延喜十六年
延喜十七年
延喜十八年
延喜十九年
延喜二十年
守　従五位下藤原治方　正月卅日任（蔵人補任）同日叙爵、
元蔵人左衛門少尉
延喜二十一年
延喜二十二年

国司補任　遠江国（延喜六年～同二十二年）

延長元年

延長二年

守　従五位下平随時　二月一日任（補任天暦二年条）

延長三年

延長四年

延長五年

延長六年

延長七年

平*随時　正月廿九日任備中介（補任天暦二年条）

延長八年

承平元年

承平二年

承平三年

承平四年

承平五年

承平六年

承平七年

天慶元年

天慶二年

大*中臣頼基　四月補祭主（祭主補任集）　遠江守岡良の孫

天慶三年

天慶四年
掾　　橘遠保　正月十四日任ヵ（園太暦延文五年正月一日条）五月見（宇和郡旧記）

天慶五年
介　　外従五位下菅野名明　四月廿五日叙従五位下（世紀）

天慶六年
介　　外従五位下物部貞用　二月廿七日任（外記補任）元大外記

天慶七年

天慶八年
　　物部貞用*　十月任安房守（外記補任天慶六年条尻付）

天慶九年
守　　平統理　二月七日任（別符宣抄天暦三年十一月十二日宣旨）元因幡守
介　　従五位下十市有象　七月十七日任（外記補任・地下家伝）元大外記

天暦元年
守　　従五位上平統理　二月十六日任符請印（符宣抄第八）

天暦二年
　　十市有象*　正月任出雲守（外記補任天慶九年条尻付）

天暦三年
守　　平統理　十一月十二日見（別符宣抄）

天暦四年

天暦五年

天暦六年

国司補任　遠江国（天慶四年～天暦六年）

天暦七年

天暦八年

天暦九年

天暦十年

天徳元年

天徳二年

天徳三年

天徳四年

応和元年

応和二年

応和三年

康保元年

康保二年

康保三年

康保四年

安和元年

安和二年

天禄元年

天禄二年

天禄三年

天延元年

天延二年

天延三年
貞元元年
貞元二年
天元元年
天元二年
天元三年
権守　従五位下源扶義　正月廿九日任（補任正暦五年条）
介　大倭季高　―任（大成抄第二下）
天元四年
介　大倭季高　―停（大成抄第二下）
介　正六位上大中臣高平―任（大成抄第二下）
介　正六位上美努公忠　秋任（大成抄第四・魚魯）
天元五年
源扶義*　正月卅日任安芸権守（補任正暦五年条）
永観元年
大目　正六位上礒部百本　―任（大成抄第四）
永観二年
少目　正六位上立田太都安満―任（魚魯）元式部史生
寛和元年
寛和二年

駿河国

寛平元年
寛平二年
寛平三年

寛平四年
掾　文屋朝康　正月廿三日任（古今目録）
寛平五年
寛平六年
寛平七年
寛平八年
寛平九年
昌泰元年
昌泰二年
昌泰三年
延喜元年
権介　菅原景行　正月廿七日任（要略巻二二）左降、

元式部丞
*大中臣利範　正月任少司（類聚大補任）駿河掾
清身の子
延喜二年
延喜三年
延喜四年
延喜五年
延喜六年
守　従五位下大蔵是明　三月廿五日任（外記補任）元大外記
延喜七年
延喜八年
延喜九年

延喜十年
延喜十一年
延喜十二年
延喜十三年
延喜十四年
延喜十五年
延喜十六年
延喜十七年
延喜十八年
延喜十九年
延喜二十年
延喜二十一年
延喜二十二年　*前司惟原岑（峯）兄―見（要略巻五三、六〇）
延長元年
延長二年
延長三年
掾　忌部（名欠）十一月十四日見（西宮記）
延長四年
延長五年
延長六年
延長七年
延長八年

承平元年
承平二年
承平三年
承平四年
承平五年
承平六年
承平七年
天慶元年
天慶二年
天慶三年
天慶四年
天慶五年
掾　橘近保　六月卅日見（世紀）　被追捕*
天慶六年
天慶七年
天慶八年
天慶九年
天暦元年　（前）*駿河守橘最茂閏七月廿三日見（紀略）　天慶五年見*
任か
天暦二年
天暦三年

天暦四年
権守　従五位下出雲有持　正月卅日任（外記補任）元大外記
天暦五年
天暦六年
天暦七年
天暦八年
天暦九年
介　橘忠幹　―被殺害（群載第二二天暦十年六月廿一日駿河国司解）
天暦十年
天徳元年
天徳二年
天徳三年
天徳四年
応和元年
応和二年
応和三年
康保元年
康保二年
康保三年
康保四年
安和元年
安和二年

天禄元年

天禄二年

天禄三年

天延元年

天延二年

掾　秦原俊助　正月任（除目申文抄・県召除目次第）

*魚魯は後助に作る

少掾　藤原光正　二月任（大日本史）　*正六位下藤原光正　天延三年二月廿日望駿河掾（除目申文抄・県召除目次第）

天延三年

掾　秦原俊助　正月停（除目申文抄・魚魯）

掾　凡河内滋光正月任（除目申文抄・魚魯）

貞元元年

貞元二年

天元元年

天元二年

守　従五位上平兼盛　八月十七日任（兼盛集）　八月任（歌仙伝）　秋下向（源順集）

天元三年

天元四年

介　正六位上幡磨延年　－任（大成抄第四）

天元五年

永観元年

守　藤原惟孝　正月任（補任藤原為輔条）元玄蕃頭

権守　従五位下懐行王　－任（大成抄第四、五）

永観二年

権守　従五位下懐行王　―遷出羽権守（大成抄第二下、五）

寛和元年

寛和二年

伊豆国

寛平元年

寛平二年

寛平三年

寛平四年

寛平五年

寛平六年

寛平七年

寛平八年

寛平九年

昌泰元年

昌泰二年

昌泰三年

延喜元年

延喜二年

延喜三年

延喜四年

延喜五年

延喜六年
延喜七年
延喜八年
延喜九年
延喜十年
延喜十一年
延喜十二年
延喜十三年
延喜十四年
延喜十五年
守　従五位上源恵（忠）　正月十二日任（古今目録）

延喜十六年
延喜十七年
延喜十八年
延喜十九年
延喜二十年
源恵*（忠）　九月廿一日任治部大輔（古今目録）
延喜二十一年
延喜二十二年
延長元年
延長二年
延長三年

延長四年

延長五年

延長六年

延長七年

（守）　永原興影　―見（要略巻五七）

延長八年

（守）　永原興影　―見（要略巻五七）

承平元年

（守）　永原興影　―見（要略巻五七）

承平二年

（守）　永原興影　―任終（要略巻五七）

承平三年

承平四年

承平五年

承平六年

＊前司永原興影　―見（要略巻五七）

承平七年

天慶元年

天慶二年

守　菅原氏胤　五月見（走湯山縁起）前進士大学匠（マヽ）

天慶三年

天慶四年

守　平立身　―見（走湯山縁起）

天慶五年

＊遠江介外従五位下菅野名明　四月廿五日叙従五位下

（世紀）伊豆功課

天慶六年
天慶七年
天慶八年
天慶九年
天暦元年
天暦二年
天暦三年
天暦四年
天暦五年
天暦六年
天暦七年
天暦八年
天暦九年
天暦十年
天徳元年
天徳二年
天徳三年
天徳四年
応和元年
応和二年
応和三年

康保元年
康保二年
康保三年
康保四年
安和元年
安和二年
守　　　依智秦永時―見（走湯山縁起）安和三年己巳に
作るが二年己巳の誤りならん
天禄元年
天禄二年
天禄三年
天延元年
天延二年
守　　　内蔵連忠　四月十日任（親信卿記）
天延三年
貞元元年
貞元二年
天元元年
天元二年
天元三年
天元四年
天元五年

永観元年

永観二年

寛和元年

寛和二年

甲斐国

寛平元年

寛平二年

寛平三年

寛平四年

寛平五年

寛平六年

権少目　凡河内躬恒二月廿八日任（古今目録）歌仙伝*は任少目に作る

寛平七年

寛平八年

寛平九年

昌泰元年

昌泰二年

昌泰三年

延喜元年

延喜二年

延喜三年

延喜四年

延喜五年　前*少目凡河内躬恒四月十五日見（本朝文粋古今和歌序）

拾*介抄は前掾に作る　四月十八日見（古今集序注）　古*今集序は前掾に作る

延喜六年

延喜七年

延喜八年　前*司藤原滋根　―見（要略巻五五）

延喜九年

守　（姓欠）正益（基イ）正月十一日任（西宮記）

延喜十年

延喜十一年

延喜十二年

延喜十三年

延喜十四年

守　藤原貞淵　五月七日免本任放還（符宣抄第八）

元上総介

延喜十五年

延喜十六年

延喜十七年

延喜十八年

延喜十九年

延喜二十年

延喜二十一年

延喜二十二年

延長元年

延長二年

延長三年

延長四年

延長五年

延長六年

守　従五位下高向利春　正月廿九日任（古今目録）

延長七年

延長八年

承平元年

承平二年

承平三年

承平四年

承平五年

承平六年

承平七年

天慶元年

*前司藤原望江　―見（要略巻五五）　*同巻五四は望紅に作る

天慶二年

天慶三年

天慶四年

大目　伴並高　十一月二日見（世紀）

天慶五年

天慶六年

天慶七年

天慶八年

天慶九年

天暦元年

天暦二年

守　小野維幹　二月五日見（貞信公記抄）

天暦三年

天暦四年

天暦五年

*大掾永原興藤　—蘇生（僧妙達蘇生注記）　*三宝絵詞は中原興藤に作る

天暦六年

天暦七年

天暦八年

天暦九年

天暦十年

天徳元年

天徳二年

天徳三年

天徳四年

応和元年

応和二年

応和三年

康保元年

康保二年

康保三年

康保四年

安和元年

安和二年

天禄元年

天禄二年

天禄三年

守　従五位下藤原時光　二月十九日任（補任貞元元年条）

天延元年

守　従五位下藤原時光　二月十九日兼任春宮大進（春宮坊官補任）

*藤原時光　八月十九日任少納言（補任貞元元年条）

天延二年

*前掾刑部良秀　八月十日見（文粋第一二）

天延三年

*前掾刑部良秀　九月十日見（文粋第一三）

貞元元年

貞元二年

天元元年

天元二年

介　正六位上源宗利　―任（大成抄第一下）

天元三年

天元四年

天元五年

永観元年

権介　安倍信義　―任（大成抄第二下）

権掾　正六位上菅野倫随　―任（大成抄第二下）

永観二年

権守　従五位下大江匡衡　二月一日任（中古歌仙）　十*月卅日

任弾正少弼（中古歌仙）

権介　安倍信義　―停（大成抄第二下）

権介　正六位上源興堪　―任（大成抄第二下）

寛和元年

寛和二年

相摸国

寛平元年

寛平二年

寛平三年

寛平四年

寛平五年

寛平六年

寛平七年

寛平八年

寛平九年

昌泰元年

介　従五位下藤原道明　正月廿九日任（補任延喜九年条）

権介　従五位下藤原定方　正月十九日任（古今目録）正月廿九
日任（補任延喜九年条）右近衛少将

少目　紀是貞　春任（魚魯）

昌泰二年

昌泰三年

*藤原定方　二月廿五《（廿ィ）》日任備前守（補任延喜九年
条）

権介　従五位下藤原清貫　二月廿日任（補任延喜十年条）蔵人
兵部少輔　*八月廿日任式部権少輔（補任同上）

掾　藤原興風　正月十一日任（古今目録・歌仙伝）

延喜元年

延喜二年　*藤原興風　二月廿三日任治部少丞（古今目録・
歌仙伝）

延喜三年　*藤原道明　正月十一日任播磨介（補任延喜九年
条）

延喜四年

延喜五年

延喜六年

延喜七年

延喜八年

延喜九年

権守　従四位下藤原枝良　閏八月四日任（補任延喜十三年条）
春宮権亮修理大夫
延喜十年
延喜十一年
延喜十二年
延喜十三年
*藤原枝良　正月七日叙従四位上、正月廿八日任
参議（補任）
延喜十四年
守　従四位上藤原枝良　四月廿二日任（補任）　参議修理大夫
延喜十五年
*藤原枝良　六月廿五日任讃岐守（補任）
守　従四位上源宗于　六月廿五日任（歌仙伝）　六月任（古
今目録）
国司補任　相摸国（延喜九年～延長二年）

延喜十六年
*源宗于　正月任摂津権守（古今目録）
延喜十七年
延喜十八年
*兵庫少属勝安並　八月二日免本任放還（符宣抄第八）
元相摸権大目
延喜十九年
延喜二十年
延喜二十一年
延喜二十二年
延長元年
延長二年

延長三年
守　（姓欠）家直　六月見（大日本史）
守　（姓欠）経忠　七月見（大日本史）
延長四年
権守　（姓欠）公定　十一月見（大日本史）
延長五年
延長六年
延長七年
延長八年
承平元年
承平二年
承平三年
承平四年
承平五年
承平六年
承平七年
天慶元年
天慶二年
権介　橘是茂　六月廿一日見（世紀）
天慶三年
介　従五位下藤原国幹　正月廿七日任符請印（符宣抄第八）
元右京亮
天慶四年
天慶五年

天慶六年

天慶七年

天慶八年

天慶九年

天暦元年

天暦二年

天暦三年

天暦四年

天暦五年

天暦六年

天暦七年

守　従五位下藤原（惟範）二月十一日見（近長谷寺縁起・平二六五）

天暦八年

天暦九年

天暦十年

天徳元年

天徳二年

*大中臣公節十二月任祭主（二所大神宮例文）在任三年、停任後遷相摸守

天徳三年

天徳四年

応和元年

応和二年

応和三年

康保元年

康保二年

康保三年

康保四年

介　従五位下藤原顕光　正月廿日任（異補任治安元年条）

権介　藤原千晴　六月十四日見（世紀）

安和元年

*前権介藤原千晴八月廿三日見、九月十四日見（紀略）

安和二年

守　従四位下藤原安親　十月十九日任（補任永延元年条）

*前権介藤原千晴三月廿五日見（紀略）　*太神宮諸雑事記は相摸介に作る　三月廿六日見（扶桑・愚管抄）

*従五位下源重之　この年或いは天禄二年正月任相摸権介（歌仙伝）

天禄元年

*藤原顕光　十二月十六日任右兵衛権佐（補任天延三年条）

天禄二年

天禄三年

*藤原安親　正月廿四日任伊勢守（補任永延元年条）

天延元年

権介　従五位下小野時遇　三月十六日任（外記補任）　元大外記

天延二年

権守　従五位下藤原忠輔　十一月廿八日任（補任長徳二年条）

天延三年

介　従五位下平惟仲　正月廿六日任（補任正暦三年条）

貞元元年

藤原忠輔*　六月十六日任兵部少輔（補任長徳二年条）

権守　従五位下源重之　七月任（歌仙伝）

貞元二年

小野時遇*　十二月任豊前守（外記補任天延元年条尻付）

天元元年

天元二年

天元三年

天元四年

平維将*　ー卒（分脈）相摸介功過のこと北山抄に見える

天元五年

永観元年

権少目　正六位上秦為彦　ー任（大成抄第四）

永観二年

寛和元年

寛和二年

武蔵国

寛平元年

寛平二年

寛平三年

寛平四年

寛平五年

寛平六年

寛平七年

寛平八年

寛平九年

昌泰元年

介　藤原惟岳　十月廿日見（紀家集）

昌泰二年

昌泰三年

延喜元年

延喜二年

延喜三年

延喜四年

延喜五年

延喜六年

守　従五位下藤原邦基　八月廿八日任（補任延喜二十一年条）

延喜七年

延喜八年

延喜九年

延喜十年

*藤原邦基　二月十五日任左少弁（補任延喜二十一年条）

権少掾　高向利春　九月任（古今目録）

延喜十一年

介　高向利春　□(正カ)月十三日任（古今目録）元権少掾

延喜十二年

延喜十三年

延喜十四年

*高向利春　二月廿三日叙従五位下（古今目録）

延喜十五年

介　従五位下高向利春　十一月廿四日見（北山抄）

延喜十六年

延喜十七年

守　正五位下藤原高風　正月廿九日任（別符宣抄四月五日官符）四月五日見（別符宣抄）四月十一日任符請印（符宣抄第八）元常陸介

延喜十八年

守　従五位下高向利春　二月廿九日任（古今目録）

延喜十九年

*前権介源任　五月廿三日見（扶桑）

延喜二十年

延喜二十一年

延喜二十二年

大掾　笠続直　―停（魚魯）

*藤原利仁　延喜中任武蔵守（大日本史）

延長元年

延長二年

延長三年

国司補任　武蔵国（延長四年～天慶二年）

延長四年
延長五年
延長六年
延長七年
守カ　藤原善方　十月二日卒（分脉）
延長八年
承平元年
承平二年
承平三年
承平四年
承平五年
承平六年
前*司（故）藤原善方―見（要略巻五五、五六）
新*司藤原維幾　―見（要略巻五六）

承平七年
権*守平将門　承平中見（源平盛衰記）不*審
天慶元年
権守　興世王　二月見（将門記）
介　源経基　二月見（将門記）
天慶二年
守　従五位下百済貞連　五月十五日任（貞信公記抄）姓*名を欠く　五月十七日見（符宣抄第八）貞*運に作る　六月見（将門記）十二月廿九日見（紀略）冬見（将門記）
権守　従五位下興世王　六月七日見（世紀）六月見（将門記）十一月廿一日見（編年記）守*に作る　十一月廿九日見（扶桑）十一月見（将門記）十二月廿七日見（紀略）十二月見（将門純友東西軍記）冬見（将門記）
介　源経基　六月七日見（世紀）十二月十五日見（将門記）
権介　小野諸興　六月廿一日見（世紀）

天慶三年

守　藤原秀郷　三月九日任（扶桑・編年記・将門純友東西軍記）叙従四位下兼任下野守　*和漢合図抜萃は兼任上野守鎮守府将軍に作る

権守　興世王　正月六日見（師守記貞和三年十二月十七日条・園太暦貞和三年十二月廿四日条）　二月見（源平盛衰記）　二月十九日誅（一代要記）　三月十八日誅（師守記貞和三年十二月十七日条）

介　源経基　正月九日叙従五位下（紀略・園太暦延文五年正月一日条）　三月九日叙従五位下（将門記）

天慶四年

天慶五年

守　平公雅　―任（武蔵国浅草寺縁起）

天慶六年

天慶七年

天慶八年

天慶九年

天暦元年

天暦二年

天暦三年

守　従五位上源満仲　三月見（平補二六二）

天暦四年

天暦五年

天暦六年

天暦七年

天暦八年

天暦九年

天暦十年

天徳元年

天徳二年

天徳三年

天徳四年　*藤原伊尹　八月廿二日任参議（補任）母武蔵守
従五位下藤原経邦女

応和元年　*前権守源満仲　五月十日見（扶桑）

応和二年

応和三年

康保元年

康保二年

康保三年

康保四年

安和元年　*前権介平義盛　八月廿三日見、九月十四日見（紀略）

安和二年　権守　藤原斯生　三月十三日見（粟田左府尚歯会詩）
*月日は紀略による
*前介藤原善時　三月廿五日見（紀略）　三月廿六日見
（扶桑）　三月見（愚管抄）　*武蔵介に作る

天禄元年

天禄二年
天禄三年
天延元年
天延二年
天延三年
貞元元年
貞元二年
天元元年
天元二年
前介藤原千常*　五月廿二日見（紀略）
天元三年
介　正六位上藤原正忠　―任（大成抄第四）

天元四年
権大掾　正六位上車持正有　秋任（大成抄第四）
天元五年
権少掾　勝基生　正月任（除目申文之抄）
永観元年
正六位上若田部成任*正月廿三日望武蔵権少掾（除目申文之抄）
永観二年
権守　平祐忠　十一月廿二日見（小右記）
掾　菅原行正　正月任（魚魯・除目申文之抄）文章生
寛和元年
寛和二年

安房国

寛平元年

寛平二年

寛平三年

寛平四年

寛平五年
*前司笠弁　―見（要略巻五四）

寛平六年

寛平七年

寛平八年

寛平九年

昌泰元年

昌泰二年

昌泰三年

延喜元年

延喜二年

延喜三年

延喜四年

延喜五年

延喜六年

延喜七年

延喜八年

延喜九年

延喜十年

延喜十一年

菅野清高*　延喜中叙外従五位下任安房守（要略巻七〇）

延喜十二年

延喜十三年

延喜十四年

延喜十五年

延喜十六年

延喜十七年

延喜十八年

延喜十九年

延喜二十年

延喜二十一年

延喜二十二年

延長元年

延長二年

延長三年

延長四年

延長五年

延長六年

延長七年

延長八年

承平元年

承平二年

承平三年

承平四年

承平五年

承平六年

承平七年

天慶元年

天慶二年

天慶三年

天慶四年

天慶五年

前守平公雅*　―見（武蔵国浅草寺縁起）

天慶六年

天慶七年

天慶八年

守　外従五位下物部貞用　十月任（外記補任天慶六年条尻付）

天慶九年

天暦元年

天暦二年

天暦三年

天暦四年

天暦五年

天暦六年

天暦七年

天暦八年

天暦九年

天暦十年

天徳元年

天徳二年

天徳三年

天徳四年

守　従五位下大江遠兼　正月任（外記補任）元大外記

応和元年

応和二年

応和三年

康保元年

守　従五位下小野傅説　正月廿四日任（外記補任応和二年条尻付）

康保二年

康保三年

康保四年

安和元年

守　従五位下阿保懐之　―任（外記補任康保三年条尻付）

安和二年

天禄元年

天禄二年

天禄三年
天延元年
天延二年
天延三年
貞元元年
貞元二年
天元元年
天元二年
天元三年
天元四年
天元五年

永観元年
永観二年
（守）従五位下立野惟実　二月一日任（外記補任天元四年条尻付）
寛和元年
*前守源致節　四月卅日見（小右記）
寛和二年
*安房守小槻忠信　年未詳見（続文粋第六寛仁四年正月十五日大江時棟奏状）*天徳中の大江遠兼より以降源致節より以前の国司

上総国

寛平元年

介　平高望　五月十二日任（神皇正統録・源平盛衰記）＊平家勘文録は寛平二年とする

寛平二年

寛平三年

寛平四年

太守　貞純親王　三月十三日見（母后代々御賀記）

寛平五年

寛平六年

寛平七年

寛平八年

寛平九年

昌泰元年

昌泰二年

昌泰三年

延喜元年

太守　無品　斉世親王　二月二日出家（紀略）＊延長元年とするが東寺長者補任・血脈抄裏書により改む

延喜二年

少目　従六位下額田峯直（岑）　―任（大成抄第四・魚魯）

権少目　秦里雄　二月停（魚魯）

権少目　宇治氏宗　二月廿二日任（魚魯）

延喜三年

延喜四年

延喜五年

延喜六年

延喜七年　*前司紀貝（貞イ）助　―見（要略巻五三）

延喜八年

延喜九年　*前介（姓欠）正益（基イ）正月十一日任甲斐守（西宮記）

延喜十年

延喜十一年

延喜十二年

介　藤原利仁　―任（分脉・纂要）

延喜十三年

延喜十四年　*甲斐守藤原貞淵　五月七日免本任放還（符宣抄第八）

元上総介

延喜十五年

延喜十六年

延喜十七年　*前司紀真助　―見（要略巻五四）

延喜十八年

延喜十九年

延喜二十年

延喜二十一年

延喜二十二年

延長元年

延長二年

延長三年

延長四年

延長五年　入道上総太守斉世親王*　九月十日薨（紀略）

延長六年

延長七年　前司紀貞扶*　―見（要略巻五六）

　　　　　新司藤原朝範*　―見（要略巻五六）

延長八年

　介　従五位下佐伯滋並　正月廿九日任（外記補任）元大外記

承平元年

　太守　（式明）親王九月廿九日見（慶延記）

国司補任　上総国（延長二年～天慶二年）

承平二年

承平三年

承平四年

　太守　式明親王　三月廿四日見（母后代々御賀記）

承平五年　故上総介高望王*　十月廿一日見（将門記）

承平六年

　太守　（式明）親王三月十三日見（慶延記・吏部王記）

承平七年　故上総介高茂（望）王*　八月六日見（将門記）

天慶元年

天慶二年

国司補任　上総国（天慶二年～天暦六年）

*前介百済貞運（連）　五月十七日見（符宣抄第八）交替未
終任武蔵守

天慶三年

介　藤原滋茂　三月廿五日停（紀略）

天慶四年

天慶五年

*成明親王　―任上総太守（紹運録）*実は上野
太守

*前出羽介源嘉生　閏三月八日見（世紀）*魚魯第四に
城司任満之後任上総守と見える

天慶六年

天慶七年

*橘在列　十月出家（東塔法華堂壁画賛）上総
介茂生の孫

天慶八年

天慶九年

太守　（行明）親王十月廿八日見（大嘗会御禊部類記・
吏部王記）

天暦元年

天暦二年

太守　行明親王　五月廿七日薨（紀略）

天暦三年

天暦四年

太守　章明親王　十月八日見（西宮記・要略巻二四・
吏部王記）

天暦五年

天暦六年

天暦七年
天暦八年
天暦九年
天暦十年
天徳元年
天徳二年
天徳三年
天徳四年
応和元年
介　藤原国幹　―見(侍中群要)
応和二年

前介平立身*　二月五日見(西宮記)

応和三年
康保元年
康保二年
康保三年
康保四年
太守　盛明親王　七月見(大日本史)　同*年七月五日叙四品、上総太守見任の確証なし
権介　伴輔仁　七月任(大伴神主家譜)
安和元年
安和二年
太守　四品　致平親王　九月廿三日見(天祚礼祀職掌録)
天禄元年

天禄二年

天禄三年

天延元年

介　源清延　二月四日見、五月十一日復任（親信卿記）

天延二年

天延三年

介　従五位下立野有頼　正月廿六日任（外記補任）元権少外記

権介　従五位下慶滋保章　正月廿六日任（外記補任）元大外記

貞元元年

貞元二年

天元元年

天元二年

*慶滋保章　正月任和泉守（外記補任天延三年条尻付）

天元三年

天元四年

天元五年

大掾　連瑳春風　正月任（除目申文之抄）

永観元年

*正六位上奈波時種　正月廿三日望上総大掾（除目申文之抄）

永観二年

目　委（倭カ）文経平　―任（魚魯）

*前太守盛明親王　十月十日見（小右記・天祚礼祀職掌録・即位職掌部類鈔・即位雑例条々）

寛和元年

寛和二年

年不詳　*上総守（介）平兼忠　今昔巻二五—四に見える

下総国

寛平元年

寛平二年

寛平三年

寛平四年

介　従五位下宮道有憲　五月十二日任（外記補任）元大外記

寛平五年

寛平六年

介　従五位下藤原玄上　九月十三日任（補任延喜十九年条）

寛平七年

権介　従五位下藤原玄上　八月十六日任（補任延喜十九年条）

元介

寛平八年

寛平九年　*藤原玄上　正月廿五日任中務少輔（補任延喜十九年条）

昌泰元年

昌泰二年

昌泰三年

延喜元年

延喜二年

延喜三年

延喜四年
延喜五年
延喜六年
延喜七年
延喜八年
延喜九年
守　菅原景行　七月十一日見(紀略)
延喜十年
延喜十一年
延喜十二年
延喜十三年
延喜十四年
権大掾　藤原興風　四月廿二日任(古今目録・歌仙伝)
延喜十五年
延喜十六年
延喜十七年
延喜十八年
延喜十九年
延喜二十年
延喜二十一年
延喜二十二年
延長元年

延長二年

延長三年

延長四年

延長五年

延長六年

延長七年

延長八年

承平元年

承平二年

承平三年

承平四年

承平五年

介　平良兼　十月廿一日見（将門記）

承平六年

介　平良兼　六月廿六日見、十月廿六日見（将門記）

承平七年

介　平良兼　八月六日見、八月十九日見、九月十九日見、十一月五日見、十二月十四日見（将門記）

天慶元年

天慶二年

介　平良兼　六月卒（将門記）

(*故)前介平良兼　十二月十五日見（将門記）

天慶三年

国司補任　下総国（天慶三年～天暦九年）

守　従五位下安倍恒鑒　正月廿七日任符請印（符宣抄第八）
元陸奥介
権少掾　平公連　二月八日見（扶桑）　四月八日見（将門記）
（権少掾）　藤原遠方　二月八日見（扶桑）
*前守藤原元兼　四月七日見（尊意贈僧正伝）

天慶四年

天慶五年

天慶六年

天慶七年

天慶八年

天慶九年

守　従五位下菅原名明　八月六日見（群載第二二天暦四年二月廿日藤原有行申文）

天暦元年

天暦二年

天暦三年

天暦四年

守　従五位下藤原有行　二月廿日見（群載第二二）
*前守菅原名明　二月廿日見（群載第二二）

天暦五年

天暦六年

天暦七年

*故下総守藤原有行　六月十日見（符宣抄第八）

天暦八年

天暦九年

天暦十年

天徳元年

天徳二年

天徳三年

天徳四年

応和元年

応和二年

応和三年

康保元年

守　従五位下笠朝望　正月七日《（廿七ヵ）》任（外記補任）元大外記

康保二年

康保三年

権守　従五位下源順　正月十六日任（源順集）　正月任（歌仙伝）　五月五日見（下総守順馬毛名歌合）

＊従五位下藤原元真　正月廿七日任丹波介（歌仙伝）　父清邦の任下総のこと藤原元真集に見える

康保四年

＊源順　正月廿日任和泉守（源順集）

安和元年

安和二年

天禄元年

天禄二年

天禄三年

天延元年

天延二年
天延三年
貞元元年
貞元二年
天元元年
天元二年
天元三年
天元四年
天元五年
下総守藤原季孝*　天元頃見（源順集）
永観元年
永観二年
介　正六位上平吉明　―任（大成抄第四）
寛和元年
守　藤原季孝　正月廿一日見（小右記）
寛和二年
前守藤原季孝*　正月見（紀略）前年*の小右記と同記事

常陸国

寛平元年
寛平二年
寛平三年
大蔵少輔藤原佐世*　正月任陸奥守（続文粋第六保延元年六月藤原敦光奏状）同*長徳二年正月十五日大江匡衡奏状に左近衛権少将大蔵権大輔常陸権介藤原佐世兼陸奥守と見える

寛平四年

寛平五年

寛平六年

寛平七年

正*六位上大中臣臣善九月五日任大司（類聚大補任）常陸掾雄良の孫

寛平八年

権少掾　従六位上□□今氏　正月廿六日任（東山御文庫本周易抄紙背）

寛平九年

昌泰元年

太守　貞数親王　十月廿一日見（後撰集正義）扶*桑は是貞親王に作る

昌泰二年

昌泰三年

延喜元年

介　従五位上藤原扶幹　二月十九日任（補任延長元年条）

延喜二年

延喜三年

延喜四年

延喜五年

延喜六年

延喜七年

延喜八年

延喜九年

前*介藤原扶幹　正月十一日任上野介（西宮記）

国司補任　常陸国（延喜十年～延長三年）

延喜十年
延喜十一年
延喜十二年
延喜十三年
太守　貞真親王　正月十四日見（西宮抄）　河*海抄は
名を欠く
少目　従七位上上毛野夏蔭春遷伯耆大目（大成抄第二上）
延喜十四年
介　藤原有秋　正月十二日任（西宮記）
延喜十五年
延喜十六年
延喜十七年
正*五位下武蔵守藤原高風四月十一日免本任放還任符
請印（符宣抄第八）元常陸介

延喜十八年
太守　（貞真）親王十月十九日見（西宮記）
延喜十九年
延喜二十年
介　従五位上橘実範　三月廿八日任符請印（符宣抄第八）
元周防守鋳銭長官
延喜二十一年
延喜二十二年
延長元年
延長二年
延長三年
太守　代明親王　六月廿二日見（西宮記・吏部王記）
十一月廿日見（要略巻二八・吏部王記）　名*を欠く

介　（姓欠）教定八月見（大日本史）

延長四年

太守　貞真親王　二月十七日見（河海抄）

延長五年

延長六年

延長七年

延長八年

介　従五位上藤原公葛　六月廿日任符請印（符宣抄第八）元信濃守

承平元年

太守　三品　貞真親王　九月廿日薨（紀略）

*前司カ（藤原）是房正月廿九日見（貞信公記抄）

承平二年

承平三年

承平四年

太守　有明親王　三月廿四日見（母后代々御賀記）

承平五年

大掾　平国香　二月二日被討（和漢合図抜萃）　*将門純友東西軍記は天慶二年十二月射殺とする

*前掾源護　十月廿一日見（将門記）　十二月廿九日見（将門記）　*前大掾と見える

承平六年

太守　（有明）親王三月十三日見（玉類抄・吏部王記）九月五日見（西宮記・要略巻二三）

承平七年

掾　平貞盛　十一月五日見（将門記）　承平中見（十訓抄）

国司補任　常陸国（承平七年～天暦五年）

天慶元年
掾　　　平貞盛　二月見（将門記）
（前）*掾源護　十一月五日見（将門記）
　　　前司*菅原兼茂　―見（要略巻二七）

天慶二年
介　　　藤原維幾　十一月廿一日見、十二月十五日見（将門記）

天慶三年
介　　　藤原維幾　二月十五日見（将門記）
大掾　　平貞盛　―任（将門純友東西軍記）　正月見（将門記）　掾*と見える　二月一日見（編年記・扶桑二月八日条）　三月九日叙従五位下（紀略）　編*年記・扶桑・和漢合図抜萃は叙従五位上任右馬助とし、将門記は叙正五位上とする

天慶四年

天慶五年
介　　　従五位下藤原雅量　四月廿五日叙従五位上（世紀）

天慶六年

天慶七年

天慶八年

天慶九年
太守　　有明親王　十月廿八日見（大嘗会御禊部類記）

天暦元年

天暦二年

天暦三年

天暦四年

天暦五年

（故）*常陸掾藤原元景　九月十五日見（三宝絵詞）

天暦六年

天暦七年

天暦八年

少掾　井原有利　―任（大成抄第一上）

天暦九年

天暦十年

天徳元年　参議大江朝綱*　十二月廿八日卒（補任・紀略）歴任

常陸介のこと撰集抄に見える

天徳二年

天徳三年

介　藤原滋望　二月十七日任符請印（符宣抄第八）

国司補任　常陸国（天暦五年～安和元年）

天徳四年

応和元年

介　藤原為忠　十月十四日見（西宮記）

応和二年

応和三年

康保元年

康保二年

介　藤原清光　―任（北山抄・撰集秘記）

前司藤原為忠*　―見（北山抄）清光の前任国司

康保三年

康保四年

安和元年

安和二年
天禄元年
天禄二年
天禄三年
天延元年
大目　雀部良義　正月廿八日任（山槐記除目部類建久三年十一月廿日条）
天延二年
介　（安倍ヵ）衆与　十一月十三日任（親信卿記）
天延三年
大掾　平繁盛　六月任（大日本史）
貞元元年
貞元二年
昭平親王*　この年以降任常陸太守（紹運録）
天元元年
目　（姓欠）式義秋停（大成抄第二下）
天元二年
権介　正六位上橘在正　―任（大成抄第二下）
大掾　正六位上藤原師頼　―更任（大成抄第二上）
天元三年
天元四年
天元五年
介　源満仲　三月五日見（小右記）可賜兼字、本馬権頭
宗岳有理*　天元中任常陸掾（広橋本県召除目申文案）

永観元年

永観二年

寛和元年

寛和二年

権介　　藤原昌守　−停（大成抄第二下）

権介　正六位上藤原元輔　−任（大成抄第二下）

近江国

寛平元年

守　正四位上橘広相　−見（補任）参議左大弁

権守　正四位下藤原国経　正月十六日任（補任）参議皇太后宮大夫

寛平二年

守　正四位上橘広相　五月十六日卒（補任）参議左大弁

権守　正四位下藤原国経　−見（補任）参議皇太后宮大夫

寛平三年

寛平四年

介　　平季長　三月廿九日見（東大寺一−二〇〇）

寛平五年

権守　従四位上藤原保則　正月十一日任（補任）参議左大弁 *二月廿二日任民部卿（補任）

寛平六年

寛平七年

守　従四位下菅原道真　正月十一日任（補任・大鏡裏書・要略巻二二・古今目録）参議左大弁春宮亮遣唐大使、元勘解由長官 正月任（伊呂波字類抄・北野天神御伝）*十月廿六日任中納言（補任）

寛平八年

守　従三位　藤原高藤　正月廿六日任（補任）参議　−見（菅家文草）

権守　従三位　藤原有実　正月廿六日任（補任）参議左近衛中将太皇太后宮大夫

寛平九年

守　従三位　藤原高藤　―見（補任）参議　六*月十九日任中納言（補任）

権守　従三位　藤原有実　五月廿五日任按察使（補任）参議左近衛中将太皇太后宮大夫

権守　従四位下藤原敏行　三（五カ）月任（古今目録・歌仙伝）春宮亮　九*月任右兵衛督（古今目録・歌仙伝）

昌泰元年

権*守藤原有実　―見（補任）補*任ィ備中守に作る

権守　従四位上藤原定国　正月十九日任（補任昌泰二年条）蔵人頭左近衛権中将　四月廿日見（菅家文草）

昌泰二年

藤*原定国　二月廿四日任参議、十二月五日任中納言（補任）

権少掾　源等　正月十一日任（補任天暦元年条）

異*補任天暦五年条は近江権掾に作る

昌泰三年

権掾　藤原忠房　四月二日任（中古歌仙）蔵人

延喜元年

介　従五位下良峯衆樹　二月十九日任（補任延喜十七年条）右近衛少将

源*等　三月十五日任主殿助（補任天暦元年条）

藤*原忠房　正月七日叙爵（古今目録）

延喜二年

延喜三年

権少掾　平中興　正月十一日任（古今目録）大内記

延喜四年

権守　従四位上在原友于　正月廿五日任（補任）参議左兵衛督
修理大夫
介　正五位下藤原定方　二月十日任（補任延喜九年条）左近
衛少将　三月廿六日任（古今目録）
平中興*　正月廿五日任遠江守（古今目録）
延喜五年
権守　従四位上在原友于　−見（補任）参議左兵衛督修理大夫
延喜六年
権守　正四位上(下)在原友于　閏十二月十七日見（日本紀竟宴和歌）
参議左兵衛督修理大夫
在原友于*　正月七日叙正四位下（補任）
延喜七年
権守　正四位下源湛　二月廿九日任（補任）参議刑部卿
介　従五位上藤原恒佐　正月十三日任（補任延喜十五年条）
左近衛少将
延喜八年
守　源長猷　−任（一代要記）
権守　正四位下源湛　−見（補任）参議刑部卿　正月十二*
日任中納言（補任）
権守　正四位下藤原仲平　正月十一日任（古今目録）正月十二
日任（補任）蔵人頭左近衛中将　二月廿四日兼任参議（補任）
権介　従五位下藤原兼茂　正月任（古今目録）左衛門佐
延喜九年
権守　正四位下藤原仲平　九月廿七日兼任左兵衛督（補任）参
議
源高明*　三月十二日任権守（補任天慶二年条）
*延長九年の誤りか
藤原兼茂*　四月廿三日任播磨権介（古今目録）
延喜十年
権守　正四位下藤原仲平　正月廿八日任備前権守（補任）参議
左兵衛督
権少掾　従五位下阿刀春正　二月十五日任（外記補任）大外記

国司補任　近江国（延喜十一年～同十五年）

延喜十一年
守　正三位　藤原有実　正月十三日任（補任）参議左衛門督
権少掾　従五位下阿刀春正　―見（外記補任）大外記

延喜十二年
守　正三位　藤原有実　―見（補任）参議左衛門督
権守　従四位上藤原定方　三月廿七日任（補任・古今目録）参議右近衛中将
介　従五位上藤原忠房　正月廿六日任（古今目録）左近衛権少将
権少掾　従五位下阿刀春正　―見（外記補任）大外記
権少掾　藤原元方　正月任（異補任天暦七年条）

延喜十三年
*藤原有実　四月十五日任按察使（補任）
*藤原定方　正月廿八日任中納言（補任）
権守（守カ）　従四位上源当時　四月十五日任（補任）参議右兵衛督、兼補検非違使別当
権介　従五位上藤原忠房　正月廿八日任（中古歌仙）左近衛少将
権少掾　従五位下阿刀春正　―見（外記補任）大外記
*藤原元方　正月廿八日任式部少丞（補任天慶二年条）

延喜十四年
権守（守カ）　従四位上源当時　―見（補任）参議右兵衛督検非違使別当
権守　従四位下橘良殖　正月十二日任（補任延喜十九年条）三月五日見（扶桑）
介　従五位上藤原兼輔　正月十二日任（補任延喜二十一年条）蔵人左近衛少将内蔵助　正月任（古今目録・歌仙伝）

延喜十五年
守（介カ）　従五位上平中興　正月十二日任（古今目録）*大和物語に近江介平中興と見える
権守（守カ）　従四位上源当時　正月七日叙正四位下（補任）参議右兵衛督検非違使別当

大掾　*橘良殖　正月十二日任備前守（補任延喜十九年条）

権守　従四位上良峯衆樹　正月十二日任（補任延喜十七年条）右近衛権中将　八月十九日補蔵人頭（補任同上）

*藤原兼輔　正月七日叙正五位下（補任延喜二十一年条）

*藤原忠房　正月十二日任美作介（古今目録）

*中古歌仙は任備前権介に作る

権少目　和利親　正月十二日任少外記（外記補任）

延喜十六年

守　正四位下源当時　七月三日見（要略巻八一）参議右衛(兵衛)門督検非違使別当　―見（補任）*近江権守に作る

権守　従四位上良岑(峯)衆樹　三月廿八日兼任右近衛中将（蔵人補任）蔵人頭、元権中将

権守　従四位下藤原玄上　正月任（補任延喜十九年条）右近衛中将　三月廿八日任左近衛権中将（補任同上）

*藤原兼輔　三月廿八日任内蔵権頭（補任延喜二十一年条）

大掾　藤原治方　正月廿五日任（蔵人補任）蔵人

延喜十七年

守　正四位下藤原興範　正月廿九日任（補任）参議弾正大弼　十月一日卒（補任）

権守　正(従)四位下(上)良岑(峯)衆樹　正月廿九日任参議（蔵人補任）右近衛権中将、元蔵人頭

介　正五位下藤原兼輔　八月廿八日補蔵人頭（蔵人補任）左近衛少将内蔵権頭、元蔵人　十一月九日叙従四位下（蔵人補任）

*藤原兼輔　正月廿九日任内蔵頭（補任延喜二十一年条）　正月任内蔵頭（古今目録・歌仙伝）

大掾　藤原治方　―見（蔵人補任）蔵人

大掾　紀済行　正月任（蔵人補任）蔵人大学助

延喜十八年

守　従四位上良峯衆樹　正月十六日任（補任）参議

介　従五位上藤原伊衡　正月十二日任（補任）蔵人右近衛権少将　正月任（蔵人補任）

大掾　藤原治方　正月任左衛門少尉（蔵人補任）蔵人

大掾　紀済行　正月任式部少丞（蔵人補任）蔵人大
学助

延喜十九年
守　従四位上良峯衆樹　六月三日任治部卿（補任）参議
権守　従四位下橘公頼　正月廿八日任（補任延長五年条）左
少弁　四月十七日見（符宣抄第七）九月十三日任伊予権守（補任同上）
権大掾　源公忠　正月任（蔵人補任）蔵人掃部助　六
月三日任（歌仙伝）
史生　丸部安沢　―任（符宣抄第八延喜二十年六月十
九日丸部安沢解）

延喜二十年
権守　従四位上藤原玄上　正月卅日任（補任）参議刑部卿
大掾　源公忠　正月任（蔵人補任）蔵人掃部助
史生　丸部安沢　六月十九日見（符宣抄第八）

延喜二十一年
守　従四位上源悦　正月卅日任（補任）参議、兼任左大
弁、元宮内卿修理大夫

権守　従四位上藤原玄上　―見（補任）参議刑部卿
*源公忠　三月十三日任修理権亮（歌仙伝）
権大掾　藤原在衡　三月十三日任（補任天慶四年条）蔵
人少内記　三月任（蔵人補任）*近江大掾に作る

延喜二十二年
守　従四位上源悦　―見（補任）参議左大弁
権守　従四位上藤原玄上　―見（補任）参議刑部卿
介　従五位上藤原実頼　正月卅日任（補任承平元年条・大鏡
裏書）右近衛権少将
権大掾　大江維時　正月廿九日任（蔵人補任）蔵人文章
得業生　正月卅日任（補任天暦四年条）*近江権少掾に作る

延長元年
守　従四位上源悦　―見（補任）参議左大弁
権守　従四位上藤原玄上　（四イ）正月廿九日任播磨権守（補任）参議
刑部卿

延長二年
守　従四位上藤原兼輔　二月一日任（補任）参議左近衛権中

将　*古今目録・歌仙伝は二月任近江権守に作る

*大江維時　二月一日任式部少丞（補任天暦四年条）

延長三年

守　従四位上藤原兼輔　―見（補任）参議左近衛権中将

延長四年

守　従四位上藤原兼輔　―見（補任）参議左近衛権中将

大掾　御春望晴　十一月四日見（要略巻六七）

大掾　藤原尹輔　十二月廿八日見（醍醐寺雑事記・醍醐寺初度具書）蔵人

延長五年

*藤原兼輔　正月十二日任権中納言（補任）

守　正四位下藤原玄上　正月十二日任（補任）参議刑部卿

権守　従四位上源清平　正月十二日任（補任天慶四年条）*異補任天慶八年条は正月任近江守に作る　二月十八日見（貞信公記抄）*姓名欠、近江守と記す

延長六年

*（守）藤原玄上　*補任に近江守の記載なし

延長七年

守　正四位下藤原玄上　―見（補任）参議刑部卿

延長八年

守　正四位下藤原玄上　―見（補任）参議刑部卿

承平元年

守　従四位上藤原扶幹　三月任（異補任天慶元年条）―見（補任）参議左大弁

権守　従四位上源高明　三月十二日任（補任天慶二年条）*延木九年に作るが延長の誤り　三月十三日任（異補任安和二年条）

承平二年

*藤原扶幹　正月廿一日任伊予守（補任）

守　藤原高堪　正月任、十月卒（小右記長和元年七

月廿二日条）

守　従四位上伴保平　十一月廿六日任（補任天慶二年条・小右記長和元年七月廿二日条）*貞信公記抄は任官の記事あるも姓名を欠く

　　*源高明　十一月十六日叙正四位下（補任天慶二年条）*大嘗会悠紀

介　従五位上藤原師輔　正月廿七日任（補任承平五年条・大鏡裏書）蔵人頭右近衛権中将（少カ）　十一月十六日叙正五位下（補任同上）*大嘗会悠紀国司

少掾　藤原有相　正月廿七日任（補任天暦九年条）蔵人　十一月十六日叙従五位下（補任同上）*大嘗会悠紀

承平三年

権介　正五位下藤原敦忠　正月十二日任（補任天慶二年条）

承平四年

承平五年

　　*源高明　二月廿三日任大蔵卿（補任天慶二年条）

権守　正四位下藤原当幹　二月廿三日任（補任）参議治部卿

権介　従五位上藤原師氏　二月廿日任（補任天慶七年条）左近衛少将

承平六年

権守　正四位下藤原当幹　―見（補任）参議治部卿

承平七年

権守　正四位下藤原当幹　正月七日叙従三位（補任）参議治部卿

天慶元年

天慶二年

守　従四位上伴保平　八月廿七日兼任参議（補任）九月十五日見（叡岳要記・九院仏閣抄）

権守　従四位上藤原顕忠　二月一日任（異補任康保二年条）二月任（補任）参議刑部卿　八月廿七日兼任左兵衛督（補任）*大鏡裏書

は同日任権守に作る
権介　正五位下小野好古　二月一日任（補任天暦元年条）右近衛少将中宮権亮　三月任（異補任康保四年条）

天慶三年

守　従四位上伴保平　―見（補任）参議
権守　従四位上藤原顕忠　―見（補任）参議左兵衛督
　小野好古*　正月為追捕凶賊使（補任天暦元年条）
掾　賀茂忠行　―見（阿娑縛抄）*天暦三年見任か

天慶四年

守　従四位上伴保平　正月叙正四位下、三月得替（異補任天暦四年条）
守　従四位下源公忠　三月廿八日任（歌仙伝）
権守　従四位上藤原顕忠　―見（補任）参議左兵衛督　*十二月十八日任権中納言（補任）
権守　従四位上藤原敦忠　十二月十八日任（補任）参議左近衛権中将　十二月任（歌仙伝）

天慶五年

　藤原敦忠*　三月廿九日任権中納言（補任）
権守　従四位下源兼忠　三月廿九日任（補任天暦八年条）中宮亮
　前掾源備*　四月廿七日見（世紀）*鳩嶺雑日記・石清水五―三六四は源修に作る

天慶六年

守　従四位下源公忠　十一月廿三日見（要略巻二八・吏部王記）十二月七日兼任右大弁（歌仙伝）十二月廿四日見（日本紀竟宴和歌）右大弁
介　従五位上藤原朝成　二月廿七日任（補任天徳二年条）右少弁
権少掾　外従五位下三統公忠　二月廿七日任（外記補任）大外記、元信濃権介　八月八日見、八月十日見、九月二日見（符宣抄第一〇、第六）十二月廿四日見（日本紀竟宴和歌）
権少掾　従五位下橘直幹　十二月廿四日見（日本紀竟宴和歌・釈日本紀）大内記

国司補任　近江国（天慶七年～天暦三年）

天慶七年
権介　従五位上藤原季方　六月廿八日見（文粋第五）右近衛少将
権少掾　従五位下三統公忠　十二月廿日見（符宣抄第八）大外記－見（外記補任）＊近江権掾に作る

天慶八年
権守　従四位上源兼明　三月廿八日任（補任）参議　十一月廿五日兼任治部卿（補任）
権少掾　従五位下三統公忠　九月廿八日見、十月四日見（符宣抄第一〇、第九）大外記－見（外記補任）＊近江少掾に作る

天慶九年
守　従四位下藤原朝忠　二月七日任（補任天暦六年条）二月任（歌仙伝）十一月十九日叙従四位上（補任同上）＊大嘗会悠紀
十二月十一日見（醍醐寺要書）＊名欠
権守　従四位上源兼明　正月七日叙正四位下（補任）参議治部卿　十一月十九日叙従三位（補任）＊大嘗会悠紀
介　従五位上藤原敦敏　五月一日見（即位部類記・吏部王記）蔵人右近衛少将　十二月十一日見（醍醐寺要書）＊近江権介に作る
権大掾　正六位上大江重光　二月廿一日見、九月十五日見（符宣抄第九）
権少掾　従五位下三統公忠　正月七日叙従五位上（外記補任）大外記　十一月廿九日叙正五位下（外記補任）＊悠紀国司
少目　菅野（名欠）十二月十一日見（醍醐寺要書）
＊前守源（公忠ヵ）十二月十一日見（醍醐寺要書）

天暦元年
権守　従三位　源兼明　－見（補任）参議治部卿
＊藤原敦敏　十一月十七日卒（職事補任）
少目　菅野正統　二月遷少外記（外記補任）

天暦二年
権守　従三位　源兼明　－見（補任）参議治部卿

天暦三年
守　従四位上藤原（朝忠ヵ）正月廿一日見（別符宣抄）
権守　従四位上源雅信　正月廿四（マヽ）日任（補任天暦五年条・大

鏡裏書）蔵人頭右近衛権中将　正月廿一日見（別符宣抄）右近衛中将

介　従五位上藤原（名欠）正月廿一日見（別符宣抄）左近衛権少将

権介　正五位下藤原（名欠）正月廿一日見（別符宣抄）右近衛少将

（大掾カ）従五位下（姓名欠）　正月廿一日見（別符宣抄）内蔵権助

大掾　正六位上海犬養（名欠）正月廿一日見（別符宣抄）

少掾　従五位上文（名欠）　正月廿一日見（別符宣抄）陰陽頭

少掾　正六位上藤原（名欠）正月廿一日見（別符宣抄）左衛門権大尉

権少掾　正六位上（姓名欠）　正月廿一日見（別符宣抄）左近衛将監

権少掾　正六位上賀茂忠行　正月廿一日見（別符宣抄）

大目　正六位上（姓名欠）　正月廿一日見（別符宣抄）

権大目　正六位上石水利常　正月廿一日見（別符宣抄）

権大目　正六位上犬上（名欠）正月廿一日見（別符宣抄）

少目　正六位上小槻（名欠）正月廿一日見（別符宣抄）

少目　正六位上物部（名欠）正月廿一日見（別符宣抄）

少目　正六位上安倍（名欠）正月廿一日見（別符宣抄）

国司補任　近江国（天暦三年～同六年）

天暦四年

介　従五位上藤原清正　二月任（歌仙伝）閏五月一日見（御産部類記）

天暦五年

守　正四位下大江維時　正月卅日任（補任）参議　五月廿二日兼任式部権大輔（補任）

*源雅信　正月卅日任参議（補任）

権守　正四位下源兼忠　正月卅日任（補任天暦八年条）

少掾　紀時文　十月卅日見（後撰集新抄・後撰和歌集奥書・顕昭法橋万葉集時代難事）*源順集は近江掾に作る

天暦六年

守　正四位下大江維時　―見（補任）参議式部権大輔

介　従五位上藤原清正　十二月廿八日見（天暦六年御元服記）

権介　従五位上藤原元輔　正月十一日任（補任天禄三年条）蔵人右近衛少将

*前権少掾賀茂忠行　六月十日見（小右記治安三年九月二

日条）

天暦七年

守　正四位下大江維時　―見（補任）参議式部権大輔

*前少目安倍衆与　正月廿九日任権少外記（外記補任）

天暦八年

守　正四位下大江維時　―見（補任）参議式部権大輔

*源兼忠　三月十四日任参議（補任）

権守　正四位下源自明　三月十四日任（補任天徳二年条）右兵衛督

権少掾　正六位上日置滋方　―任（大成抄第二上）

権少目　調光平　―任（魚魯）

天暦九年

守　正四位下大江維時　二月七日叙従三位（補任）参議式部権大輔

権介　従五位上藤原元輔　閏九月十七日任（補任天禄三年条）蔵人左近衛少将

権大掾　依知秦広範　十月十七日見（群載第二二天暦十年六月十三日官符）

*前介藤原清正　十月十七日見（群載第二二天暦十年六月十三日官符）

天暦十年

*大江維時　正月廿七日任伊予権守（補任）

*藤原元輔　正月七日叙正五位下（補任天禄三年条）

権介　従五位上藤原兼通　正月廿七日任（補任安和二年条・大鏡裏書・摂関伝）左近衛少将

*国司藤原清正　天暦中見（耀天記）

天徳元年

介　正五位下藤原元輔　正月廿七日任（補任天禄三年条）蔵人左近衛少将　*四月廿五日任右近衛少将（補任同上）

天徳二年

守　四位　源俊　十一月廿七日見（紀略）

権守　源自明*　正月卅日任参議(補任)

権守　正四位下源雅信　正月卅日任(補任・大鏡裏書)参議

閏七月廿八日兼任治部卿(補任)　大鏡*裏書は七月廿八日に作る

天徳三年

守　伴彦真　正月廿八日任符請印(符宣抄第八)

権守　正四位下源雅信　―見(補任)参議治部卿

藤原元輔*　七月十七日任播磨権守(補任天禄三年条)

天徳四年

守　従四位上藤原朝成　八月九日任(補任)参議勘解由長官

権守　正四位下源雅信　―見(補任)参議治部卿

権介　従五位下源伊陟　正月廿五日任(補任貞元二年条)左近衛少将

前司伴彦真*　十一月三日見(西宮記)

応和元年

守　従四位上藤原朝成　―見(補任)参議勘解由長官

国司補任　近江国(天徳二年~応和三年)

権守　正四位下源雅信　―見(補任)参議治部卿

権介　従五位下源伊陟　正月七日叙従五位上(補任貞元二年条)　閏三月七日見(石清水二―六二)　閏三月廿三日見(石清水二―六三)　五月廿日見(石清水二―六五)　左近衛権少将　八月八日停左少将(補任同上)

応和二年

守　従四位上藤原朝成　正月七日叙正四位下(補任)参議勘解由長官

権守　正四位下源重信　正月廿二日任(補任・大鏡裏書)参議修理大夫

応和三年

守　正四位下藤原朝成　―見(補任)参議勘解由長官

権守　正四位下源重信　正月七日叙従三位(補任)参議修理大夫

権介　従五位上源伊陟　九月九日任(補任貞元二年条)

掾　藤原永頼　三月廿八日見(東宮御元服部類)蔵人

康保元年
守　従四位上藤原国光　九月一日見（平二八四）
権守　従三位　源重信　―見（補任）参議修理大夫
介　従五位上藤原済時　三月廿七日任（補任安和二年条）蔵人左近衛少将
*源伊陟　三月廿七日任民部少輔（補任貞元二年条）

康保二年
権守　従三位　源重信　―見（補任）参議修理大夫

康保三年
権守　正四位下源博雅　十月十四日見（博雅長竹譜）左近衛中将
介（守ヵ）　従四位上藤原国光　閏（マヽ）八月十五日見（内裏謌合）
権介　正五位下藤原為光　正月廿七日任（補任天禄元年条）蔵人右近衛少将
権少掾　紀文利　正月五日見（符宣抄第九）式部大丞

康保四年
介　従五位下藤原佐理　正月廿日任（補任天元元年条）右近衛少将　*十月十七日叙従五位上（補任同上）
*藤原為光　六月十六日補新帝蔵人、十月十一日叙従四位下（補任天禄元年条）

安和元年
守　従四位上藤原国光　十月九日見（符宣抄第九）
*藤原佐理　十一月廿三日叙正五位下（補任天元元年条）*大嘗会悠紀
*藤原為光　十一月廿七日叙従四位上（補任天禄元年条）*悠紀

安和二年
*前守藤原国光　三月十三日見（粟田左府尚歯会詩）
*月日は紀略による

天禄元年

介　従五位下藤原高遠　正月任（中古歌仙）右近衛少将　十*一月廿七日叙従五位上（中古歌仙）
少掾　藤原正光　九月廿日任（補任寛弘元年条）　十*一月廿日叙従五位下（補任同上）大*嘗会悠紀

天禄二年
権守　従四位上源惟正　三月廿日任（補任天延二年条）蔵人頭右近衛中将春宮亮

天禄三年
権大掾　藤原惟成　十月廿三日見（親信卿記）蔵人

天延元年
守　従四位上大江斉光　正月廿八日任（補任天元四年条）十二月廿二日見（阿娑縛抄・三塔諸寺縁起）
権介　従五位上藤原朝光　三月廿日任（補任天延二年条）蔵人右近衛少将　七月一日兼任中宮権亮、七月七日叙正五位下、七月廿六日兼任左近衛中将（補任同上）
*前守藤原国章　五月十七日見（親信卿記）

天延二年
守　従四位上大江斉光　二月十日見（親信卿記）
守　従四位下藤原朝光　二月七日任（補任）左近衛中将　正*月七日叙従四位下、二月八日補蔵人頭、四月十日任参議（補任）
権介　従五位上藤原実資　正月廿日任（補任永祚元年条）右近衛少将　正月卅日任（大鏡裏書）

天延三年

貞元元年
介　従五位上藤原正光　正月廿八日任（補任寛弘元年条）左近衛少将

貞元二年
守　従三位　源保光　正月廿八日任（補任）参議左大弁式部大輔
権守　従四位上橘恒平　十二月九日任（補任永観元年条）
介　正五位下橘恒平　正月廿九日任（補任永観元年条）木

工頭　三月廿六日叙従四位下、五月辞木工頭、八月二日叙従四位上
（補任同上）　八月十六日見（三条左大臣殿前栽合）　*近江守に作る
掾　　慶滋保胤　八月十六日見（三条左大臣殿前栽合）
*前守従（正）四位下大江斉光　四月廿四日補蔵人頭（職事補任）

天元元年
守　従三位　源保光　－見（補任）参議左大弁式部大輔
*十月二日任権中納言（補任）
守　従三位　源忠清　十月十七日任（補任）参議右衛門督

天元二年
守　従三位　源忠清　－見（補任）参議右衛門督
守（権守）　従四位上橘恒平　－見（慈恵大僧正拾遺伝）
*橘恒平　正月一日任修理大夫（補任永観元年
条）
少掾　正六位上菅野茂滋　－任（大成抄第四・魚魯）

天元三年
守　従三位　源忠清　－見（補任）参議右衛門督

天元四年
守　従三位　源忠清　－見（補任）参議右衛門督
権守　従四位上橘恒平　正月廿九日重任（補任永観元年条）
修理大夫　*十二月四日叙正四位下（補任同上）
少掾　国守正兼　－停（大成抄第二上）
少掾　正六位上高橋高行　－任（大成抄第二上）

天元五年
守　従三位　源忠清　－見（補任）参議右衛門督
介　正五位下藤原誠信　十月十八日任（補任永延二年条）蔵
人左近衛少将

永観元年
*橘恒平　十一月十一日任参議（補任）
権守　正四位下源伊陟　十一月十一日任（補任）参議
権介　従五位上菅原資忠　六月五日見（符宣抄第一）左少弁大
学頭文章博士

永観二年

権守　正四位下源伊陟　―見（補任）参議

藤*原誠信　正月七日叙従四位下（補任永延二年条）

寛和元年

守　従三位　藤原公季　十月十五日任（補任）参議侍従　大*鏡裏書は任近江権守に作る　十一月廿日叙正三位（補任・大鏡裏書）

悠*紀国司

権守　正四位下源伊陟　十一月卅（廿）日叙従三位（補任）参議

悠*紀国司

藤*原誠信　十一月廿日叙従四位上（補任永延二年条）悠*紀国司

介（権介ヵ）　（姓欠）廉平―卒（小右記九月十四日条）

権介　従五位上平親信　九月十四日任（補任長保三年条）防鴨河使、元右衛門権佐　小*右記は任近江介に作る　十一月叙正五位下（補任同上）悠*紀国司

藤*原惟憲　この年以前任権少掾、十一月廿日叙従五位下（補任治安三年条）悠*紀

寛和二年

守　正三位　藤原公季　―見（補任）参議侍従　七*月廿日任権中納言（補任）

守　従三位　源伊陟　八月十三日任（補任）参議　十一月十八日叙正三位（補任）悠*紀国司

権守　従四位上藤原誠信　七月五日任（補任永延二年条）右近衛権中将　七*月十六日任春宮権亮、七月廿日補蔵人頭、七月廿二日叙正四位下（補任同上）

平*親信　十一月十八日叙従四位下（補任長保三年条）悠*紀国司

少掾　正六位上藤原連延　正月ヵ任（大成抄第一上）

少掾　藤原長能　四月任（中古歌仙）蔵人　―任（藤原長能集）

少掾　正六位上文室清扶　十一月卅日任（符宣抄第八寛和三年二月十九日官符）

掾　下野守真　十一月廿日見（群載第七）

美濃国

寛平元年
守　従三位　源冷　二月廿九日任（補任）参議左衛門督
権守　従三位　源冷　正月十六日任（補任）参議左衛門督
前守源貞恒*　三月廿四日見（小野宮年中行事）
前介島田忠臣*　九月見（雑言奉和）　─見（菅家文草）

寛平二年
源冷*　二月廿五日薨（補任）

寛平三年

寛平四年
権守　正五位下源昇　正月廿三日任（補任寛平七年条）右中弁　三月廿九日見（東大寺一─二〇〇・東大寺別当次第）

寛平五年
権守　正五位下源昇　正月廿一日叙従四位下、二月十六日兼任木工頭、二月廿二日兼任左中弁、補蔵人頭、元右中弁（補任寛平七年条）

寛平六年
権守　従四位下源昇　六月廿七日見（東大寺一─二〇・東大寺寺務統譜）八月十四日見（東大寺一─九〇）左中弁木工頭
源昇*　十二月十五日任侍従（補任寛平七年条）

寛平七年

寛平八年

寛平九年

昌泰元年
権守　従四位上在原友于　正月九日任（補任昌泰三年条）左近衛中将
大目　紀常道　春停（魚魯）

昌泰二年

　　　　*在原友于　正月十一日任備前守（補任昌泰三年条）

権守　従四位上源湛　正月十一日任（補任）　参議刑部卿

介　従五位下藤原清貫　正月廿一日任（補任延喜十年条）

*三月七日任兵部少輔（補任同上）

介　従五位上橘良殖　三月七日任（補任延喜十九年条）

*四月二日任播磨介（補任同上）

昌泰三年

権守　従四位上源湛　―見（補任）　参議刑部卿

延喜元年

権守　従四位上源湛　正月七日叙正四位下（補任）　参議刑部卿

延喜二年

権守　正四位下源湛　―見（補任）　参議刑部卿

延喜三年

延喜四年

延喜五年

守　源是恒　七月廿八日卒（小右記長和二年七月六日条）　*延喜七年卒か

権大掾　正六位上伴良友　正月任（魚魯・魚魯別録）　四月任（大成抄第二下）

延喜六年

延喜七年

権守　源是経（恒）　七月卒（一代要記）

延喜八年

延喜九年

延喜十年

守　従四位上源是茂　正月十三日任（補任承平四年条）

延喜十一年

延喜十二年

　　源*是茂　正月廿七日任侍従（補任承平四年条）

延喜十三年

　権守　従四位下源悦　正月廿八日任（補任延喜十九年条）

延喜十四年

　守　従四位下源正明　正月十二日任（補任天暦五年条）

　守（マヽ）　従四位下源悦　五月七日免本任放還（符宣抄第八）

　　元大宰大弐

　権少目　従七位下三祖春成　―任（大成抄第三下）　魚*魯は少目に作る

延喜十五年

　　源*正明　二月廿二日任丹波権守（補任天暦五年条）

延喜十六年

延喜十七年

　権守　従五位上源等　正月廿九日任（補任天暦元年条）

　権大掾　平随時　正月廿九日任（補任天暦二年条）

　　異*補任天暦七年条は美濃大掾に作る

延喜十八年

　介　従五位下紀貫之　二月任（古今目録・歌仙伝）

　　平*随時　正月任治部少丞（補任天暦二年条）

　掾　大江維時　正月任（補任天暦四年条）文章得業生

延喜十九年

　権掾　橘好古　正月廿八日任（補任天徳二年条）

延喜二十年

　権守　従四位上橘良殖　正月卅日任（補任）参議宮内卿　二

月廿八日卒（補任）

延喜二十一年

少掾　大江維時　六月二日補蔵人（蔵人補任）文章得業生　六月廿日補蔵人（補任天暦四年条）　*美濃大掾に作る

延喜二十二年

権守　従五位上平中興　正月卅日任（古今目録）

*大江維時　正月卅日任近江権少掾（補任天暦四年条）

延長元年

*紀貫之　六月任大監物（古今目録・歌仙伝）

延長二年

延長三年

延長四年

延長五年

延長六年

延長七年

延長八年

承平元年

権介　従五位上伴久永　十一月十三日任（外記補任）大外記勘解由次官

承平二年

守　従三位　藤原玄上　正月廿一日任（補任）参議刑部卿三月任（異補任承平三年条）

承平三年

*藤原玄上　正月廿一日薨（補任）

*伴久永　正月卒（外記補任）

承平四年

守　正四位下藤原伊衡　正月任（異補任天慶元年条）　閏正月廿九日任（補任）左近衛中将内蔵頭　十*二月廿一日任参議（補任）

権守　従五位上平随時　閏正月廿九日任（補任天暦二年条）

*異補任天暦七年条は正月任美濃守に作る

承平五年

守　正四位下藤原伊衡　二月任（異補任天慶元年条）参議

*補任は二月廿三日任美濃権守に作る　九月七日見（九条殿記）　姓*名欠、美濃守と記す

権守　平（随時）　二月五日見（平補二六一）

承平六年

守　正四位下藤原伊衡　五月廿二日兼任刑部卿（補任）参議

承平七年

守　正四位下藤原伊衡　三月八日兼任左兵衛督（補任）参議、元刑部卿

天慶元年

藤*原伊衡　十二月十七日卒（補任）

*前権守従五位上平随時　十月十七日見、十月十九日見、十一月廿二日見（世紀）

天慶二年

天慶三年

守　従四位下藤原師氏　三月廿五日任（補任天慶七年条）左近衛少将

藤*原師氏　十月五日補蔵人頭（職事補任）

天慶四年

守　従四位下藤原師氏　－任（歴代皇紀）蔵人頭左近衛少将

権守　橘敏行　八月廿六日見（世紀）

天慶五年

権守　従四位下藤原元名　三月廿九日任（補任天徳二年条）

十*二月一日任丹波守（補任同上）

天慶六年

天慶七年

介　藤原師氏* 四月九日任参議（補任）

介　橘遠保　二月六日被殺害（紀略）

介　十市春宗　五月三日見（九条殿記）

天慶八年

天慶九年

権大掾　平相方　十月廿八日見（大嘗会御禊部類記）

天暦元年

守　正四位下大江維時　六月六日任（補任天暦四年条）式部大輔

天暦二年

天暦三年

介　従五位上藤原伊尹　正月廿四日任（補任天徳四年条・大鏡裏書）蔵人左近衛少将

天暦四年

大江維時* 二月一日任参議（補任）

権守　藤原興方　五月廿六日見（御産部類記）

介　菅原文時　十一月十日見（仁和寺御室御物実録）大内記

天暦五年

藤原伊尹* 正月卅日任紀伊権介（補任天徳四年条）

天暦六年

守　伴彦真　正月任（符宣抄第八）

権守　従四位上源重信　正月十一日任（補任天徳四年条）右近衛権中将

掾　御船傳説　正月十一日遷権少外記（外記補任）文章生

天暦七年

天暦八年

守　伴彦真　五月遷播磨守（符宣抄第八）

権介　正五位下藤原斉敏　三月十四日任（補任康保四年条）左兵衛権佐

大目　正六位上国五種　―任（大成抄第三下）　魚魯*は権大目に作る

権少目　従七位上狩良廉　―任（魚魯・県召除目次第）

天暦九年

権守　従四位上大江朝綱　閏九月十七日任（補任）参議

天暦十年

権守　従四位上大江朝綱　正月七日叙正四位下（補任）参議

掾　秦斯頼　正月廿七日遷権少外記（外記補任）文章生

天徳元年

権守　正四位下大江朝綱　十二月廿八日卒（補任）参議

権大掾　大江斉光　正月任（補任天元四年条）文章得業生　二*月補蔵人（補任同上）

天徳二年

権守　従四位下藤原斉敏　正月卅日任（補任康保四年条）右近衛権中将

大*江斉光　正月任式部少丞（補任天元四年条）

天徳三年

天徳四年

守　平真材　七月十日見（西宮記）

応和元年

応和二年

介　従五位下藤原後生　四月廿五日見（符宣抄第九）大内記文章博士

権介　　　　穂積良氏　―任（亀井家譜）

応和三年

権守　従四位下藤原兼通　九月四日任（補任安和二年条・大鏡裏書・摂関伝）中宮権大夫春宮亮

介　従五位上藤原後生　八月一日見（符宣抄第九）式部少輔文章博士

康保元年

康保二年

守　正五位下高階良応　二月十七日見（符宣抄第七）

介　従五位下大江斉光　正月任（補任天元四年条）権右少弁東宮学士

大目　正六位上上毛公光　二月十七日見（符宣抄第七）

康保三年

介　従五位上大江斉光　二月三日見（東大寺一―二一七、二一八）右少弁東宮学士

国司補任　美濃国（応和二年～安和元年）

大江斉光*　正月叙従五位上、任右少弁（補任天元四年条）

康保四年

藤原兼通*　正月廿日任内蔵頭（補任安和二年条）

権守　従四位下藤原兼家　正月廿日任（補任安和元年条）左京大夫　二月五日兼任春宮亮、六月十日補蔵人頭、九月一日兼任春宮権亮、十月七日兼任左近衛中将、十月十一日叙正四位下（補任同上）

介　従五位上時原長列　八月廿一日見（符宣抄第九）助教

安和元年

守　藤原時柄　二月廿二日任符請印（符宣抄第八）

権守　正四位下藤原兼家　正月五日見（文粋第五）左近衛中将春宮権亮　十一月廿七日叙従三位（歴代皇紀）中将権守如元

藤原兼家*　十一月廿三日叙従三位（補任）蔵人頭左中将如元

介　正五位上大江斉光　三月廿日見（東大寺一―三八、東大寺寺務統譜）右中弁東宮学士

大江斉光*　正月十三日任左少弁、二月五日任

右中弁（補任天元四年条）
権少掾　正六位上菅原資忠　七月十四日見（符宣抄第九）文章得
業生
安和二年
*藤原兼家　二月七日任中納言（補任）
権守　従（正）五位上大江斉光　六月廿日任（補任天元四年条）右中
弁東宮学士　*九月廿二日叙従四位上（補任同上）
介　正五位上大江斉光　二月七日任（補任天元四年条）右中
弁東宮学士　三月廿九日見（太神宮諸雑事記）　閏五月七日見（東大
寺一―二二〇）
*大江斉光　正月任讃岐権介（補任天元四年条）
大掾　錦（名欠）　七月八日見（平三〇二）
少掾　永有光　七月八日見（平三〇二）
天禄元年
権守　従三位　藤原兼通　正月廿八日任（補任・大鏡裏書・摂
関伝）参議宮内卿、元讃岐権守
*大江斉光　正月廿八日任治部卿（補任天元四年
条）
介　従五位下坂上望城　十二月十六日任（外記補任）元大外記
天禄二年
権守　従三位　藤原兼通　―見（補任）参議宮内卿
天禄三年
守　従五位上橘恒平　正月十四日任（補任永観元年条）
権守　従三位　藤原兼通　―見（補任）参議宮内卿　*閏二月廿
九日任権中納言（補任）
掾　（十市ヵ）以信　十二月十一日見（親信卿記）
天延元年
権守　従四位上藤原元輔　正月廿八日任（補任）参議　三月廿
八日兼任治部卿（補任）
天延二年
守　従五位上橘恒平　十一月一日見（親信卿記）
権守　従四位上藤原元輔　十一月十八日叙正四位下（補任）参

議治部卿
故*介惟宗公方　二月十日見（親信卿記）
天延三年
権守　正四位下藤原元輔　十月十七日卒（補任）参議治部卿
坂*上望城　四月任石見守（外記補任天禄元年条尻付）
貞元元年
橘*恒平　六月十六日任木工頭（補任永観元年条）
貞元二年
天元元年
天元二年
天元三年
権守　正四位下藤原為輔　七月一日任（補任）参議左大弁勘解
国司補任　美濃国（天延二年～寛和元年）

由長官
天元四年
権守　正四位下藤原為輔　正月七日叙従三位（補任）参議左大弁勘解由長官
天元五年
権守　従三位　藤原為輔　―見（補任）参議左大弁勘解由長官
少目　池田吉種　―秩満（大成抄第六）
永観元年
権守　従三位　藤原為輔　正月廿七日辞勘解由長官（補任）参議左大弁　八*月廿三日任治部卿（補任）
永観二年
権守　従四位上藤原実資　二月一日任（補任永祚元年条・大鏡裏書）蔵人頭左近衛中将中宮亮　八*月廿七日補新帝蔵人頭（補任同上）
寛和元年

寛和二年

年未詳

美濃*権介従五位下藤原良貞と筑後権介従五位下源順と相替

（魚魯）康保*～天禄頃か

飛騨国

寛平元年

寛平二年

寛平三年

寛平四年

寛平五年

寛平六年

寛平七年

寛平八年

寛平九年

昌泰元年

昌泰二年

昌泰三年

延喜元年

権掾　菅原景茂（兼イ）　正月廿七日任（要略巻二二）　左降*、

元右衛門尉

延喜二年

延喜三年

延喜四年

延喜五年
守　藤原辰忠　十月三日見（扶桑）　被*殺害
延喜六年
延喜七年
延喜八年
延喜九年
延喜十年
延喜十一年
延喜十二年
延喜十三年
延喜十四年
延喜十五年
延喜十六年
延喜十七年
延喜十八年
延喜十九年
延喜二十年
延喜二十一年
延喜二十二年
延長元年
延長二年
延長三年

延長四年

延長五年

延長六年

延長七年

延長八年

承平元年

承平二年

承平三年

承平四年

守　　大春日道光四月七日見（別符宣抄）

承平五年

承平六年

承平七年

天慶元年

天慶二年

天慶三年

天慶四年

天慶五年

天慶六年

天慶七年

天慶八年

天慶九年

天暦元年

天暦二年

天暦三年

天暦四年

天暦五年

天暦六年

天暦七年

天暦八年

天暦九年

天暦十年

天徳元年

天徳二年

天徳三年

天徳四年

応和元年

守　藤原茂包　十二月九日任符請印（符宣抄第八）

応和二年

応和三年

康保元年

康保二年

守　橘是輔　十月廿三日見（桂林遺芳抄）

康保三年

康保四年

安和元年

安和二年

天禄元年

天禄二年

天禄三年

天延元年

天延二年

天延三年

貞元元年

貞元二年

天元元年

天元二年

天元三年

天元四年

天元五年

永観元年

永観二年

寛和元年

寛和二年

信濃国

寛平元年

寛平二年

寛平三年

寛平四年

寛平五年

介　従五位下小野滋蔭　三月十五日任（古今目録）　*四月廿九日任掃部頭（古今目録）

寛平六年

寛平七年

守　従五位下藤原扶幹　正月十一日任（補任延長元年条）

寛平八年

*小野滋蔭　―卒（古今目録）

寛平九年

昌泰元年

権介　従五位下藤原恒佐　正月廿九日任（補任延喜十五年条）　*五月十日任右馬助（補任同上）

昌泰二年

守　従五位上源実　正月十一日任（古今目録）

昌泰三年

*源実　―卒（古今目録）

権介　従五位下小野美材　二月廿日任（古今目録）　大内記

延喜元年

延喜二年

*小野美材　―卒（古今目録）

延喜三年

延喜四年

守　従五位下小野清貫　正月廿五日任（外記補任）　元大外記

延喜五年

延喜六年

延喜七年

権守　従四位上源清蔭　正月十三日任（補任延長三年条）
*十月十日任大蔵卿（補任同上）

延喜八年

守　従五位下源恵（忠）　正月十二日任（古今目録）

延喜九年

延喜十年

延喜十一年

延喜十二年

*前司小乃（野）清貫　一見（要略巻五五）

延喜十三年

権介　従五位上紀淑望　正月廿三日任（古今目録）

延喜十四年

少目　正六位上依智秦岑範　一任（大成抄第三下）

権少目　伴春原（厚ィ）　正月任（魚魯）

延喜十五年

権守　従四位上源是茂　二月廿五日任（補任承平四年条）侍従

延喜十六年

*源是茂　八月廿九日任越前権守（補任承平四年条）

権守　正五位下藤原忠房　八月十八（廿ィ）日任（中古歌仙）　*信濃掾興嗣の子　八月廿九日任（古今目録）

延喜十七年
*藤原忠房　正月廿九日任播磨介（古今目録）
権守　正五位下藤原後（俊）蔭　正月任（古今目録）　蔵人右近衛少将
延喜十八年
権掾　大江朝綱　正月十二日任（補任天暦七年条）　文
章得業生　正月十三日任（異補任天徳元年条）　元丹波掾
延喜十九年
*藤原後蔭　正月任備前権守（古今目録）
延喜二十年
延喜二十一年
延喜二十二年
延長元年

延長二年
権守　従四位下平時望　二月一日任（補任延長八年条）　春宮
亮修理大夫
延長三年
守　藤原公葛　正月任（要略巻五九）
*平時望　正月卅日任伊予守（補任延長八年条）
権守　従四位上源宗于　十月廿六日任（歌仙伝）　十月任（古
今目録）
権介　従五位上藤原顕忠　正月卅日任（補任承平七年条・大鏡
裏書）　右衛門佐
延長四年
延長五年
*前司源師尚　―見（要略巻五六）
延長六年
目　河内（名欠）　十二月十七日見（平二三一一）

延長七年

守　源義延　十月見（要略巻五九）

延長八年

*常陸介藤原公葛　六月廿日任符請印（符宣抄第八）元信濃守

承平元年

*前々司源師尚　四月廿五日見（要略巻五九）

*前司藤原公葛　四月廿五日見（要略巻五九）

*新司源義延　四月廿五日見（要略巻五九）

承平二年

承平三年

承平四年

承平五年

承平六年

守　従五位上高階師尚　二月廿七日任符請印（符宣抄第八）元周防守

承平七年

天慶元年

天慶二年

天慶三年

天慶四年

権介　外従五位下三統公忠三月廿八日任（外記補任）大外記四月廿七日見（符宣抄第九）

天慶五年

権介　外従五位下三統公忠－見（外記補任）大外記

*大和守高階師尚　四月廿五日叙正五位下（世紀）信濃功課

天慶六年

権介　外従五位下三統公忠　二月七日見（符宣抄第九）二月廿七日遷近江権少掾（外記補任）大外記

天慶七年

守　従五位下紀文幹　九月二日卒（紀略）九月三日卒（扶桑）

天慶八年

天慶九年

*前司従五位上源師保　十月廿八日見（大嘗会御禊部類記）

天暦元年

天暦二年

天暦三年

天暦四年

権守　従四位下源重光　正月卅日任（補任康保元年条）侍従

天暦五年

天暦六年

天暦七年

守　従五位上源信明　正月廿九日任（歌仙伝）

天暦八年

*源重光　三月十四日任伊予守（補任康保元年条）

天暦九年

天暦十年

天徳元年

天徳二年

源*信明　正月廿九日任越後守（歌仙伝）

天徳三年

天徳四年

応和元年

守　従五位上源惟正　正月廿五日任（補任天延二年条）

応和二年

応和三年

康保元年

康保二年

康保三年

源*惟正　正月廿七日任播磨介（補任天延二年条）

康保四年

信*濃守源惟正　九月一日任春宮大進（春宮坊官補任）

播*磨介か

安和元年

安和二年

天禄元年

天禄二年

天禄三年

天延元年

天延二年

天延三年

貞元元年

貞元二年

天元元年

天元二年

介　正六位上高向行方　―任（大成抄第一下）

天元三年

天元四年

権介　正六位上丹波茂忠　―任（大成抄第二下）

権目　御坂影盛　―停（大成抄第六）

天元五年

守　藤原陳忠　三月十一日見（小右記）

掾　美努秀則　正月廿五日見（要略巻六一）

永観元年

永観二年

介　丸部友忠　―停（大成抄第二下）

介　正六位上平保忠　―任（大成抄第二下）

寛和元年

寛和二年

上野国

寛平元年

寛平二年

寛平三年

藤原佐世*　正月任陸奥守（続文粋第六保延元年六月藤原敦光奏状）　*日本国見在書目録に正五位下陸奥守兼上野権介藤原佐世と見える

寛平四年
太守　貞平親王　三月十三日見（母后代々御賀記）
寛平五年
寛平六年
寛平七年
寛平八年
太守　四品　貞純親王　閏正月六日見（扶桑）
寛平九年
昌泰元年
太守　四品　国康親王　三月十五日薨（紀略・一代要記）
昌泰二年
昌泰三年
延喜元年
延喜二年
延喜三年
延喜四年
大掾　高階師尚　正月廿五日停（古今目録）
権大掾　藤原興風　正月十五日任（歌仙伝）　正月廿五日任（古今目録）
延喜五年
延喜六年
延喜七年
延喜八年
延喜九年
介　従五位上藤原扶幹　正月十一日任（補任延長元年条・西

宮記）
延喜十年
延喜十一年
介　藤原利仁　―任（分脉・纂要）　不審[*]
延喜十二年
延喜十三年
太守　（敦実）親王三月十三日見（亭子院歌合）　上野[*]の八宮と見える
介　藤原扶幹　四月十日遭喪解任（別符宣抄六月廿二日官符）　新司未到間行国務[*]
介　藤原厚載　六月廿二日見（別符宣抄）
延喜十四年
延喜十五年
介　藤原厚載　二月十日見（紀略・扶桑）　被殺害[*]

国司補任　上野国（延喜九年～同二十一年）

（故）[*]介藤原厚載　三月廿五日見（紀略）
延喜十六年
太守　（敦実）親王三月見（河海抄）　十一月廿七日見（親王御元服部類記）
大掾　藤原連江　十月廿七日見（紀略）
（故）[*]介藤原厚載　十月廿七日見（紀略）
延喜十七年
延喜十八年
太守　敦実親王　二月廿六日見（御遊抄）名欠[*]　十月十九日見（西宮記）
延喜十九年
延喜二十年
太守　（敦固）親王十月見（琵琶譜）
延喜二十一年

国司補任　上野国（延喜二十一年～承平四年）

太守　（敦固）親王九月見（琵琶譜）
介　藤原（名欠）五月九日見（平二―二―八）
大掾　藤原連江　五月九日見（平二―二―八）
少掾　清科（名欠）五月九日見（平二―二―八）
大目　櫟井（名欠）五月九日見（平二―二―八）
少目　伊福（名欠）五月九日見（平二―二―八）
少目　矢作（名欠）五月九日見（平二―二―八）
権少目　久米（名欠）五月九日見（平二―二―八）

延喜二十二年
　上野太守貞保親王*　延喜中見（三五要録）

延長元年
太守　（敦実）親王三月廿七日見（西宮記・吏部王記）

延長二年
太守　（敦実）親王正月廿七日見（貞信公記抄）

延長三年
太守　（敦実）親王正月三日見（御遊抄）

延長四年

延長五年

延長六年
太守　重明親王　正月廿九日任、二月廿二日見（西宮記・吏部王記）

延長七年

延長八年
重明親王*　十二月十七日任弾正尹（西宮記）

承平元年

承平二年

承平三年

承平四年
太守　常明親王　三月廿四日見（母后代々御賀記）

承平五年

承平六年

太守　（常明）親王三月十三日見（玉類抄・吏部王記）

承平七年

天慶元年

天慶二年

介　藤原尚範　十二月十五日見（扶桑・将門記）

十二月廿九日見（紀略・世紀）

権介　藤条（脱アルカ）　六月廿一日見（世紀）

天慶三年

*藤原秀郷　三月九日任上野守（和漢合図抜萃）

*扶桑・編年記は任下野守に作る

介　従五位下平清幹　正月廿七日任符請印（符宣抄第八）

元大監物

天慶四年

天慶五年

太守　三品　成明親王　十二月十三日任（紀略・大鏡裏書・一代要記・皇年代私記・皇代記・歴代皇紀・皇年代略記・皇代略記）

－任（紹運録）　十二月廿一日見（九条殿記）　*名欠

天慶六年

太守　（成明）親王四月廿二日見（紀略）　九月十七日見（要略巻二三・西宮記）　十一月廿三日見（要略巻二八・西宮記）

*成明親王　十二月八日任大宰帥（紀略）

天慶七年

天慶八年

*因幡守平清幹　五月十九日任符請印（符宣抄第八）

*元上野介

*前介従五位下藤原尚範　七月十一日見（群載第二一応和元年八月十五日家地売買券）

天慶九年
太守　(元利)親王　十月十六日見、十月十七日見(大嘗会御禊部類記・吏部王記)
*上野介藤原数範　天慶中以前見(平一四二八)

天暦元年
太守　(元利)親王　十二月廿六日見(紀略)

天暦二年

天暦三年
権少目　佐伯常平　―任(大成抄第一上)

天暦四年

天暦五年
*(故)介藤原惟永　九月十五日見(僧妙達蘇生注記)
*三宝絵詞は藤原雄永に作る
*(故)介藤原興連　九月十五日見(僧妙達蘇生注記)
*三宝絵詞は藤原友連に作る
*(故)大掾三村正則　九月十五日見(僧妙達蘇生注記・三宝絵詞)

天暦六年

天暦七年

天暦八年
権少掾　藤原正直　―停(大成抄第二下・魚魯)
権少掾　正六位上藤原正蔭　―任(大成抄第二下)　*魚魯は権大掾に作る
権少目　佐伯常平　―停(魚魯)
権少目　従六位上多治比部忠臣―任(大成抄第二下)

天暦九年

天暦十年

天徳元年

天徳二年

天徳三年

天徳四年

応和元年

応和二年

応和三年

介　橘方用　—出家（神皇正統録）

康保元年

康保二年

太守　致平親王　七月廿八日見（小右記長和二年七月廿八日条）

康保三年

太守　（致平）親王正月一日見（西宮記）

太守　（為平）親王十月七日見（西宮記）　十一月廿五日見（撰集秘記）

康保四年

安和元年

安和二年

太守　四品　盛明親王　九月廿三日見（天祚礼祀職掌録）

天禄元年

天禄二年

天禄三年

天延元年

権大掾　高振久見　正月任（魚魯）　除*目申文抄は根久見に作る　三月停（魚魯・除目申文抄）

権大掾　吉志吉忠　三月任（魚魯・除目申文抄）

*広橋本県召除目申文案は下野権大掾に作る

天延二年
太守　（盛明）親王十二月廿二日見（親信卿記）
天延三年
貞元元年
貞元二年
介　従五位上藤原仲文　正月任（歌仙伝）　八*月二日叙正五位下（歌仙伝）
天元元年
藤*原仲文　二月卒（歌仙伝）
天元二年
太守　（盛明）親王三月見（文粋第一〇）　上*州大王と見える
天元三年
天元四年
天元五年
大掾　多米国平　十月遷右少史（御幸始次第幷諸司勘例）
永観元年
大掾　正六位上私真村　―任（大成抄第四）
永観二年
権大掾　正六位上上毛野公平―更任（大成抄第二上・魚魯別録）
寛和元年
寛和二年

下野国

寛平元年

寛平二年
掾　安倍安直　正月廿八日任少外記（外記補任）文
章得業生
寛平三年
寛平四年
介　従五位下布留今道　二月廿一日任（古今目録）
寛平五年
寛平六年
寛平七年
寛平八年
寛平九年
昌泰元年
掾　従七位下橘春常　―遷備中権掾（大成抄第二上）
昌泰二年
*前守藤原春海　六月十七日見（符宣抄第九）大学頭
文章博士
昌泰三年
延喜元年
*前守藤原春海　九月見（雑言奉和）
延喜二年
延喜三年
延喜四年
守　従五位下藤原高風　―任終（別符宣抄延喜九年十一月廿
六日官符）
守　従五位下藤原当幹　正月廿五日任（補任延長元年条・別
符宣抄延喜九年十一月廿六日官符）　十二月廿日着任（別符宣抄同上）

介　（姓欠）末業　十一月廿日見（西宮記）

*前守藤原春海　八月廿一日見（釈日本紀）

延喜五年

延喜六年

*前守藤原高風　正月十一日見（西宮記）

延喜七年

延喜八年

延喜九年

*藤原当幹　四月廿二日任左衛門権佐（補任延長元年条）

守　藤原正樹　六月着任（別符宣抄十一月廿六日官符）　*当幹の後任国司

延喜十年

延喜十一年

延喜十二年

延喜十三年

延喜十四年

延喜十五年

延喜十六年

延喜十七年

権少掾　伴佐理　正月廿五日見（紀家集裏文書）

延喜十八年

*弾正少弼橘方用　九月廿九日見（符宣抄第八）元下野守、不向任国

延喜十九年

延喜二十年

延喜二十一年

延喜二十二年

権大掾　正六位上藤原基風　―任（大成抄第四）　*魚魯は下野大掾に作る

延長元年

延長二年

延長三年

延長四年

延長五年

延長六年

延長七年

延長八年

承平元年

承平二年

承平三年

承平四年

承平五年

守　従五位上大中臣定行三月七日任符請印（符宣抄第八）　元丹後守

承平六年

承平七年

*下野守藤原忠紀　四月廿日見（慶延記）　*見任に非ざるか

天慶元年

天慶二年

守　藤原弘雅　十二月十一日見（扶桑）　*将門記は藤原公雅に作る　十二月廿九日見（紀略・世紀）　―見（今昔巻二五）

*前司大中臣定行十二月十一日見（扶桑）　*将門記は大中臣全行に作る　十二月廿九日見（紀略）　*世紀は大中臣完行に作る　―見（今昔巻二五）　*大中臣宗行に作る

天慶三年

守　従五位下大江朝望　正月廿七日任符請印（符宣抄第八）

元大炊頭

守　従五位下藤原千常　三月九日任（和漢合図抜萃）　*不審

守　従四位下藤原秀郷　十一月十六日任（紀略）　―任（扶桑三月九日条・編年記同条）兼任武蔵守　*将門純友東西軍記は三月九日任に作る

掾　藤原秀郷　三月九日叙従四位下（紀略）

天慶四年

天慶五年

天慶六年

天慶七年

天慶八年

天慶九年

天暦元年

天暦二年

天暦三年

天暦四年

天暦五年

天暦六年

権介　小槻滋兼　―任（大成抄第二上・広橋本県召除
目抄）

天暦七年

天暦八年

天暦九年

天暦十年

天徳元年

天徳二年

天徳三年

天徳四年

応和元年

応和二年

守　藤原繁正　三月八日見（符宣抄第八）　四月二
日任符請印（符宣抄第八）

応和三年

康保元年

康保二年

康保三年

康保四年

安和元年

安和二年

天禄元年

天禄二年

天禄三年

天延元年

権*大掾吉志吉忠　三月任（広橋本県召除目申文案）

*上野権大掾なるべし

天延二年

天延三年

貞元元年

貞元二年

天元元年

天元二年

天元三年

天元四年

天元五年

大掾　礒部清遠　正月任（除目申文之抄）

永観元年

介　滋生久遠　—停（大成抄第二下）

介　正六位上尾張恒興　—任（大成抄第二下）

*正六位上藤原文賢　正月十五日望下野権大掾（除目申文之抄）

永観二年

寛和元年

寛和二年

陸奥国

寛平元年

寛平二年

権守　従五位上小野春風　閏九月廿日任（古今目録）

寛平三年
守　藤原佐世　正月任（続文粋第六保延元年六月藤原敦光奏状）大蔵少輔　同*第六長徳二年正月十五日大江匡衡奏状には左近衛権少将大蔵権大輔常陸権介藤佐世兼陸奥守と見える　春任（天台宗延暦寺座主円珍和尚伝・寺門伝記補録）
*日本国見在書目録に正五位下陸奥守兼上野権介藤原佐世、明文抄第五に正五位下陸奥守藤原佐世と見える
*小野春風　正月卅日任讃岐権守（古今目録）

寛平四年

寛平五年
少目　秦福貴　コノ年カ二月十六日任（東山御文庫本周易抄紙背）

寛平六年

寛平七年
権少掾　藤原定方　二月十一日任（補任延喜九年条）
*古今目録は陸奥掾に作る

寛平八年
*藤原定方　二月十五日任尾張権守（補任延喜九年条）

寛平九年
守　藤原佐世　秋任右大弁（天台宗延暦寺座主円珍和尚伝）尋*卒

昌泰元年
権少掾　正六位上藤原真侍　―任（大成抄第一下）

昌泰二年

昌泰三年

延喜元年
*（故）陸奥守藤原滋実　九月廿二日見（菅家後集）

延喜二年
大目　日奉常仁　正月停（魚魯）
大目　尾張貞恒　正月十一日任（魚魯）

延喜三年

延喜四年

延喜五年

延喜六年

守　藤原元善　―見（大成抄第四）

大掾　正六位上平棟材　―任（大成抄第四）

延喜七年

延喜八年

延喜九年

延喜十年

延喜十一年

延喜十二年

延喜十三年

延喜十四年

延喜十五年

延喜十六年

延喜十七年

延喜十八年

延喜十九年

守　藤原真興　九月廿日見（西宮記）

延喜二十年

延喜二十一年

延喜二十二年
守　藤原真興　―見（大成抄第四・魚魯）
延長元年
延長二年
延長三年
前*権介藤原忠舒　十一月十五日免本任放還（符宣抄第八）
延長四年
延長五年
延長六年
延長七年
守　藤原元善　八月十六日見（北山抄）
延長八年

承平元年
承平二年
承平三年
承平四年
承平五年
承平六年
承平七年
天慶元年
守　平維扶　十月見（将門記）　天*慶二年十月か
天慶二年
守　平惟（維）扶　八月十七日見（貞信公記抄）
天慶三年

国司補任　陸奥国（天慶三年～天暦八年）

権介　伴有梁　四月十二日見（師守記貞和三年十二月十七日条）

*下総守安倍恒鑒　正月廿七日任符請印（符宣抄第八）

元陸奥介

天慶四年

天慶五年

天慶六年

天慶七年

天慶八年

権大掾　藤原利経　八月五日任符請印（世紀）

天慶九年

*陸奥守平維光　この年以前見（紀貫之集）

天暦元年

天暦二年

天暦三年

天暦四年

天暦五年

守　藤原滋野（望）—辞（大成抄第六）天暦中見（北山抄）*滋茂に作る

*（故）大目壬生良門　九月十五日見（僧妙達蘇生注記）

*三宝絵詞は壬生吉廉に作る

天暦六年

天暦七年

天暦八年

守　藤原倫寧　十月頃赴任（かけろふ日記）天暦中見（北山抄）*藤原滋望の後任国司

権大掾　正六位上山辺後蔭　—任（大成抄第二下）

権少掾　正六位上多治敏平　―任（大成抄第四・魚魯）

天暦九年

天暦十年

天徳元年

天徳二年

陸奥守藤原兼三* 正月十一日見（文粋第六小野道風奏状）先例として見える*

天徳三年

守　藤原国紀　九月十日任符請印（符宣抄第八）九月十六日見（九暦抄）

天徳四年

陸奥守藤原兼時* この年以前見（新千載和歌集）右大臣藤原師輔在世中*

国司補任　陸奥国（天暦八年～安和二年）

応和元年

藤原国紀*　八月廿一日卒（分脉）

守　正五位下源信明　十月十三日任（歌仙伝）

応和二年

応和三年

康保元年

康保二年

康保三年

康保四年

安和元年

安和二年

守　藤原致正　十二月廿六日見（紀略）

権守　（姓欠）貞茂十二月廿六日見（紀略）

天禄元年
天禄二年
天禄三年
天延元年
天延二年
守　平貞盛　十一月任（符宣抄第八寛弘七年七月八日奏状）元丹波守
天延三年
守　平貞盛　六月廿五日見（紀略・賀茂斎院記）
貞元元年
守　平貞威（盛）　十二月廿一日見（楞嚢抄）
貞元二年
天元元年
天元二年
天元三年
守　藤原為長　十一月三日見（小記目録）
天元四年
権大目　正六位上陽侯内成　秋任（大成抄第一上）　―任（魚魯）
天元五年
権大掾　藤原正時　―任（大成抄第二下）
永観元年
大掾　正六位上藤原正時　―任（大成抄第二下）元権大掾
永観二年
守　藤原為長　―見（慈恵大師伝・慈恵大僧正伝）

＊奥州刺史と見える　＊慈恵大師絵詞は藤原篤長に作る

寛和元年

守　藤原為長　四月廿四日見（小右記）

寛和二年

介　平忠頼　十一月八日見（平四五七三）

年未詳

*陸奥介つねくに　承平頃か（伊勢集）

出羽国

寛平元年

寛平二年

寛平三年

寛平四年

寛平五年

寛平六年

寛平七年

寛平八年

寛平九年

少目　正六位上大石益徳　正月十一日任（東山御文庫本周易抄紙背）

昌泰元年

昌泰二年

守　従五位上源悦　四月二日任（補任延喜十九年条）

昌泰三年

権少目　坂上秋宗　正月停（大成抄第二下）

延喜元年

*源悦　二月十九日任越前守（補任延喜十九年条）

延喜二年

延喜三年

延喜四年

延喜五年

延喜六年

延喜七年

延喜八年

介　賀茂忠行　六月廿六日見（日本新国史）陰陽頭

延喜九年

延喜十年

延喜十一年

守　藤原経邦　六月十五日見（扶桑・亭子院賜酒記）

*群載第三は六月十六日に作る

延喜十二年

延喜十三年

延喜十四年

延喜十五年

延喜十六年

延喜十七年

延喜十八年

延喜十九年

延喜二十年

延喜二十一年

延喜二十二年

延長元年

延長二年

延長三年

延長四年

介　　藤原良風　□月廿八日任（古今目録）出羽城介

四年とあり年号を欠くが延長と判断す*

延長五年

延長六年

延長七年

延長八年

承平元年

承平二年

承平三年

承平四年

承平五年

承平六年

承平七年

天慶元年

天慶二年

介　　（姓欠）保利　四月十一日為城司（貞信公記抄）

四月廿六日見（貞信公記抄）

介　　源嘉生　七月十八日見（世紀）秋田城司　保*

利の前任国司か

国司補任　出羽国（天慶三年～天徳二年）

天慶三年
天慶四年
天慶五年
前*介源嘉生　閏三月八日見、閏三月九日見（世紀）
天慶六年
天慶七年
天慶八年
天慶九年
出*羽目物部長平　天慶中見（秋玉秘抄）
天暦元年
介　平斉章　八月五日見（紀略）
天暦二年
天暦三年
天暦四年
守　藤原令問　七月廿六日見（別符宣抄）
天暦五年
天暦六年
天暦七年
天暦八年
天暦九年
天暦十年
天徳元年
天徳二年

天徳三年

天徳四年

守　（姓欠）在滋十二月三日見（西宮記）　*申赴任、

着任三日卒

応和元年

応和二年

応和三年

康保元年

康保二年

*前権大目正六位上各務利宗　二月十七日見（符宣抄第七）

康保三年

康保四年

守　（姓欠）実忠二月十一日任（魚魯）　*前任出羽介

為秋田城司

安和元年

安和二年

天禄元年

天禄二年

守　従五位上橘時舒　四月五日見（群載第二二）

天禄三年

天延元年

天延二年

天延三年

貞元元年

寛和元年
介　平群利方　正月廿九日任（諸家系図纂・安西氏系図）秋田城介
出羽　源致遠*　十二月一日叙従五位上（勘例）治国
寛和二年

鎮守府

寛平元年
寛平二年
寛平三年
寛平四年
寛平五年
寛平六年

貞元二年
天元元年
天元二年
天元三年
守　源致遠　七月廿五日見（紀略）
介　従五位下平兼忠　七月廿三日見（符宣抄第八）為秋田城司
天元四年
天元五年
掾　桜島（名欠）五月十一日見（平三二一一）
永観元年
永観二年
権守　従五位下懐行王　－任（大成抄第二下、第五）元駿河権守

寛平七年

寛平八年

寛平九年

昌泰元年

昌泰二年

昌泰三年

軍曹　従七位上物部黒継　―任（大成抄第八下）

延喜元年

延喜二年

延喜三年

延喜四年

延喜五年

延喜六年

延喜七年

延喜八年

延喜九年

延喜十年

将軍　藤原茂永　五月廿一日見（西宮記）

延喜十一年

将軍　藤原利仁　―任（見聞私記）*分脉は任上野介に作る

延喜十二年

延喜十三年

延喜十四年
将軍　藤原利平《（仁カ）》　―見（侍中群要）
延喜十五年
将軍　藤原利仁　―任（分脈）
延喜十六年
延喜十七年
延喜十八年
延喜十九年
延喜二十年
延喜二十一年
延喜二十二年
延長元年
延長二年
延長三年
延長四年
延長五年
延長六年
延長七年
延長八年
承平元年
承平二年
承平三年
承平四年

承平五年
承平六年
承平七年
故陸奥将軍平良茂*　八月六日見（将門記）
天慶元年
天慶二年
前将軍従五位下故平良将*　十一月廿一日見（扶桑）
天慶三年
将軍　従四位下藤原秀郷　三月九日任（和漢合図抜萃）兼任武蔵上野守　四月廿五日任（結城系図）
秀郷の任将軍のこと疑問*
軍監　橘定平　二月廿六日任（貞信公記抄）
天慶四年
国司補任　鎮守府（承平五年～天暦四年）

天慶五年
天慶六年
天慶七年
天慶八年
天慶九年
将軍*（姓欠）ありときこの年以前見（紀貫之集）
天暦元年
将軍　平貞盛　二月十八日見（紀略）
天暦二年
天暦三年
天暦四年

天暦五年

天暦六年

天暦七年

天暦八年

権軍監　　壬生時祢　―停（大成抄第二下・魚魯）

権軍監　正六位上坂上岑行　―任（大成抄第二下）　*魚魯は坂上冬行に作る

軍曹　　紀常岑　―秩満（大成抄第二上）

軍曹　正六位　志太元立　―任（大成抄第二上）

天暦九年

天暦十年

天徳元年

天徳二年

天徳三年

将軍　（姓欠）仲舒　九月廿三日見（清慎公集）

*前軍曹正六位上津守茂連　四月五日見、十一月十四日見（符宣抄第七）

天徳四年

応和元年

応和二年

応和三年

康保元年

康保二年

将軍　従五位下源信孝　四月十九日見、五月廿五日見（群載第二一）

康保三年

康保四年
安和元年
安和二年
天禄元年
将軍　藤原千常　正月十五日任（纂要・結城系図）
天禄二年
天禄三年
天延元年
天延二年
天延三年
貞元元年

貞元二年
天元元年
将軍　藤原千方　正月廿九日任（纂要）
天元二年
天元三年
天元四年
天元五年
永観元年
永観二年
寛和元年
寛和二年

若狭国

寛平元年

寛平二年

寛平三年

寛平四年

寛平五年

寛平六年

寛平七年

寛平八年

寛平九年

昌泰元年

昌泰二年

昌泰三年

権掾　正六位上津守海恒　―任（大成抄第二下）

延喜元年

延喜二年

延喜三年

延喜四年

延喜五年

延喜六年

守　従五位下藤原忠行　正月廿一日任（古今目録）

*藤原忠行　十一月卒（分脉）

延喜七年

守　従五位下宗岡経則　正月十三日任（外記補任）元大外記

延喜八年

延喜九年

延喜十年

延喜十一年

守　従五位下伴保平　正月十三日任（補任天慶二年条）

延喜十二年

延喜十三年

延喜十四年

延喜十五年

延喜十六年

延喜十七年

延喜十八年

延喜十九年

守　藤原尹衡　十一月十八日見（扶桑）

延喜二十年

延喜二十一年

延喜二十二年

延長元年

延長二年

延長三年

延長四年

延長五年
延長六年
延長七年
延長八年
承平元年
承平二年
承平三年
承平四年
承平五年
承平六年
承平七年
天慶元年
天慶二年
天慶三年
天慶四年
天慶五年
守　従五位下源信明　三月廿九日任（歌仙伝）　閏三月十九日見（西宮記）
*前掾清原伊景　四月廿七日見（世紀）
天慶六年
天慶七年
天慶八年
天慶九年

天暦元年　源*信明　二月任備後守（歌仙伝）

天暦二年

天暦三年

天暦四年

天暦五年

天暦六年

天暦七年

天暦八年

天暦九年

天暦十年

天徳元年

天徳二年

天徳三年

天徳四年

応和元年

応和二年

応和三年

康保元年

康保二年

康保三年

康保四年

守　（姓欠）季明　二月十日見（西宮記）

安和元年
安和二年
天禄元年
天禄二年
天禄三年
天延元年
守　藤原元尹　六月廿日見（親信卿記）
天延二年
守　藤原弘頼　二月廿五日見（親信卿記）
天延三年
貞元元年
貞元二年
天元元年
天元二年
天元三年
天元四年
天元五年
権目　正六位上壬生公忠　—任（大成抄第四）
永観元年
永観二年
寛和元年
寛和二年

越前国

寛平元年

寛平二年

寛平三年

寛平四年

守（権守カ） 正四位上源直 正月廿三日任（補任）参議左大弁民部卿 二月廿一日兼任右衛門督、止弁卿（補任）

寛平五年

権守 正四位上源直 ―見（補任）参議右衛門督

寛平六年

権守 正四位上源直 ―見（補任）参議右衛門督

寛平七年

源直* 二月十一日任備前権守（補任）

少掾 藤原道明 正月十一日任（補任延喜九年条）文章生

寛平八年

守 小野葛絃 五月廿八日見（平三二〇） 七月五日見（菅家文草）

権守 正四位下十世王 正月十二日任（補任寛平九年条）宮内卿

寛平九年

十世王* 六月十九日任参議（補任）

大掾 良峯衆樹 二月十四日任（補任延喜十七年条） 七*月十三日叙爵（補任同上）

藤原道明* 七月十三日叙爵（補任延喜九年条）

昌泰元年

権掾 橘良利 十月廿日見（紀家集）

昌泰二年

昌泰三年

延喜元年

守　従五位上源悦　二月十九日任（補任延喜十九年条）

介　従五位下三統理平　二月十九日任（外記補任）元大外記
九月見（雑言奉和）

延喜二年

延喜三年

延喜四年

延喜五年

前*掾多治比保平七月一日見（西宮記）

延喜六年

守　従五位上橘良殖　正月十一日任（補任延喜十九年条）

権少掾　紀貫之　二月任（古今目録・歌仙伝）三月
任（秋除目次第）

延喜七年

権少掾　紀貫之　二月廿九日遷内膳典膳（古今目録・秋除目次第）

権少掾　宮道潔興　二月廿九日任（古今目録・秋除目次第）元内膳典膳

延喜八年

守（権守カ）　正四位下十世王　正月十三日任（補任）参議宮内卿

大掾　藤原元方　正月任（補任天慶二年条）文章得業生

延喜九年

権守　正四位下十世王　―見（補任）参議宮内卿

前*守藤原顕相　正月十一日任但馬介（西宮記）

延喜十年

権守　正四位下十世王　正月七日叙従三位（補任）参議宮内

卿

延喜十一年

*橘良殖　正月十三日任遠江介（補任延喜十九年条）

権守　従三位　十世王　―見（補任）参議宮内卿

介　従五位上藤原後（俊）蔭　正月任（古今目録）右近衛少将

延喜十二年

*藤原後蔭　正月十五日任讃岐介（古今目録）

*藤原元方　正月任近江権少掾（異補任天暦七年条）

延喜十三年

延喜十四年

*刑部少録真髪部良助　五月七日免本任放還（符宣抄第八）
元越前権少目

延喜十五年

延喜十六年

権守　従四位上源是茂　八月廿九日任（補任承平四年条）侍従

延喜十七年

延喜十八年

延喜十九年

権守　正五位下藤原俊蔭　正月七日叙従四位下（蔵人補任）蔵人左近衛少将

*藤原後（俊）蔭　―任備前権守（古今目録）

掾　（姓欠）維明　十二月廿四日見（扶桑）

延喜二十年

*越州司馬出雲貞行　―見（慈恵大師伝・慈慧大僧正伝・元亨釈書）*後拾遺往生伝は出雲貞則に作る

延喜二十一年

延喜二十二年

権守　従四位上藤原邦基　正月卅日任（補任）参議右大弁

延長元年

　*藤原邦基　正月十二日任備前権守（補任）

延長二年

延長三年

延長四年

延長五年

延長六年

権守　従四位上平伊望　正月廿九日任（補任）参議式部権大輔中宮権大夫　六月九日任式部大輔（補任）

権大掾　藤原守義　正月廿九日任（補任天禄三年条）文章生

延長七年

権守　従四位上平伊望　―見（補任）参議式部大輔中宮権大夫

延長八年

権守　従四位上平伊望　正月廿九日任備前守（補任）参議式部大輔中宮大夫

大掾　出雲貞行　―見（竹生島縁起）

承平元年

権守　正四位下源清蔭　三月任（異補任天暦四年条）―見（補任）参議大蔵卿

　*前司ヵ（姓欠）生江　正月廿九日見（貞信公記抄）

　*藤原守義　三月十三日任民部丞（補任天禄三年条）

承平二年

権守　正四位下源清蔭　―見（補任）参議大蔵卿

承平三年

権守　正四位下源清蔭　—見（補任）参議大蔵卿

承平四年

権守　正四位下源清蔭　—見（補任）参議大蔵卿

*前司藤原遠成　—見（要略巻五三、六〇）

承平五年

*源清蔭　二月廿三日任右衛門督（補任）

権介　藤原（名欠）二月五日見（平補二六一）

承平六年

守　従四位上源自明　五月廿二日任（補任天徳二年条）

介　従五位上大江朝綱　五月廿二日任（補任天暦七年条）左少弁文章博士　八月十五日遷伊予介（異補任天徳元年条）

承平七年

*前司葛井清明　—見（要略巻五六）*同巻五三、五四

には越中前司と見える

天慶元年

天慶二年

*源自明　十二月廿七日任侍従（補任天徳二年条）

天慶三年

天慶四年

介　従五位下坂上高明　三月廿八日任（外記補任）元大外記

権大目　物部実如　十二月十七日任（山槐記除目部類）

天慶五年

天慶六年

*前司中臣利世　—見（要略巻五三）

天慶七年

天慶八年
*備中介従五位上和気兼済　五月十六日任符請印（符宣抄第八）
元越前守
天慶九年
守　従五位上多治実相　十二月十九日見（洞院家廿巻部類・洞院家記）
天暦元年
天暦二年
守　正五位下藤原守義　正月十一日任（補任天禄三年条）
天暦三年
掾　坂上望城　正月任（外記補任康保四年条）
天暦四年
権守　従五位下平兼盛　正月十六日任（兼盛集）　―任（歌仙伝・文粋第六天徳四年七月廿六日奏状）
*前守従五位上多治実相　正月卅日任大外記（外記補任）
天暦五年
介　従五位下橘恒平　正月卅日任（補任永観元年条）
天暦六年
*坂上望城　十二月任西市正（外記補任康保四年条）
天暦七年
権守　従五位下平兼盛　―秩満（文粋第六天徳四年七月廿六日奏状）
天暦八年
天暦九年
天暦十年
*橘恒平　五月十五日任玄蕃頭（補任永観元年

条）
権少掾　清原仲海　七月十一日見（符宣抄第一〇）
天徳元年
天徳二年
天徳三年
天徳四年
応和元年
応和二年
権大目　正六位上大蔵具傅　三月廿一日見（応和四年甲子革令勘
文）主計助筭博士
応和三年
康保元年
掾　大蔵弼邦　正月任（外記補任康保三年条）

康保二年
*大蔵弼邦　五月任掃部権少允（外記補任康保三
年条）
康保三年
康保四年
守　紀文相　八月七日任符請印（符宣抄第八）
権大目　正六位上大蔵具傅　十月廿七日見（符宣抄第九）主計助
筭博士
安和元年
安和二年
天禄元年
*秦光頼　天禄元年巡給申任越前権少掾（魚魯）
天禄二年

介　正五位下菅原輔正　正月廿九日任（補任正暦三年条・中古歌仙）左少弁東宮学士文章博士　二月十九日見（醍醐寺要書・醍醐雑事記）十二月廿六日見（東大寺一―一二四）右中弁東宮学士文章博士

菅原輔正*　十二月十五日任右中弁（補任同上）

天禄三年

菅原輔正*　閏二月廿九日任美作権守（補任正暦三年条）

天延元年

前守源満仲*　四月廿三日見（親信卿記）四月廿四日見（紀略）

天延二年

天延三年

貞元元年

権大掾　大江匡衡　正月廿八日任（中古歌仙）文章得業生

貞元二年

前守*（姓欠）永頼　八月十六日見（三条左大臣殿前栽合）

天元元年

天元二年

越前掾菅原斯宣*　この年以前見（江談抄第四）天元*二年卒菅原雅規の在世中

天元三年

天元四年

守　従五位上藤原景康　三月八日入境（平三三一〇）

天元五年

少目　正六位上勝浦奉　―任（大成抄第四）

前権守*従五位下中臣丸良用　五月廿八日見（平三三一〇）

永観元年
永観二年
掾　藤原令平　正月任（除目申文之抄）文章生
掾　藤原忠親　正月任（除目申文之抄）文章生
権大目　正六位上布勢数成　―任（大成抄第四）
寛和元年
寛和二年
*前権守従五位下中臣丸良用　九月廿日見（気比宮社伝旧記）

加賀国

寛平元年
寛平二年
寛平三年
寛平四年
寛平五年
権守　有佐王　正月任（大日本史）
寛平六年
寛平七年
寛平八年
寛平九年
昌泰元年
権掾　従七位下藤原直蔭　正月任（大成抄第二下）
昌泰二年
昌泰三年
介　平有直　八月十六日見（菅家後集）
延喜元年
延喜二年

延喜三年
延喜四年
延喜五年
延喜六年
権介　正六位上源仲明　―任（大成抄第二下）
延喜七年
延喜八年
守　従五位上平篤行　正月十二日任（古今目録）　二月廿三日遷筑前守（古今目録）
介　正六位上藤原尹忠　―任（大成抄第四）
延喜九年
延喜十年
延喜十一年
延喜十二年
延喜十三年
延喜十四年
延喜十五年
延喜十六年
延喜十七年
介　従五位下紀貫之　正月任（古今目録・歌仙伝）
延喜十八年
紀*貫之　二月任美濃介（古今目録・歌仙伝）
延喜十九年
延喜二十年

延喜二十一年

延喜二十二年

延長元年

延長二年

介　従五位下坂上是則　正月任（古今目録・歌仙伝）

　　*大江千古　五月廿九日卒（作者部類）　*大和物語に加賀守大江千古と見える

延長三年

延長四年

延長五年

延長六年

延長七年

延長八年

承平元年

承平二年

承平三年

権守　従四位上源正明　正月十二日任（補任天暦五年条）左馬頭

承平四年

承平五年

掾　藤原元真　二月任（歌仙伝）

承平六年

　　*源正明　正月廿九日任伊勢権守（補任天暦五年条）

承平七年

国司補任　加賀国（天慶元年～天暦七年）

天慶元年
前守従五位下橘敏貞*　十月廿八日見（大嘗会御禊部類記）
天慶二年
天慶三年
天慶四年
天慶五年
前守源中明*　—見（要略巻五五）
前介藤原庶正*　四月廿七日見（世紀・石清水五—三六四・鳩嶺雑日記）
天慶六年
天慶七年
天慶八年
天慶九年
前守従五位上良峯統茂*　十月廿八日見（大嘗会御禊部類記）

天暦元年
守　藤原良貞　六月廿二日見（紀略）
天暦二年
前守良峯統茂*　四月廿六日見（初任大臣大饗雑例）
天暦三年
権掾　日置保秀　正月任、五月停（魚魯）
権掾　江沼忠純　五月二日任（魚魯）
天暦四年
天暦五年
権守　源（名欠）　二月十一日見（平二五八）
天暦六年
天暦七年

天暦八年
大目　正六位上壬生利直　－任（大成抄第一上・魚魯）
天暦九年
天暦十年
天徳元年
天徳二年
天徳三年
天徳四年
応和元年
応和二年
応和三年
介　藤原篤茂　三月十九日見（善秀才宅詩合）
権介　外従五位下海正澄　正月廿八日任（外記補任）元大外記
康保元年
康保二年
海*正澄　正月卅日任淡路守（外記補任応和三年条尻付）
康保三年
守　藤原後生　五月十七日見（平二九三）　死*去云々
権介　従五位下阿保懐之　正月廿七日任（外記補任）元大外記
康保四年
守　橘忠信　二月任（文粋第六天元二年七月廿二日平兼盛等奏状）元縫殿頭　八月七日任符請印（符宣抄第八）
権守　従五位下藤原仲文　十月任（歌仙伝）
介　紀時文　十二月十三日見（初任大臣大饗雑例）

国司補任　加賀国（安和元年～天元五年）

安和元年

守　従五位下藤原仲文　正月任（歌仙伝）　*伊賀守か

*伊賀守藤原仲文　二月廿二日任符請印（符宣抄第八）

*阿保懐之　—任安房守（外記補任康保三年条尻付）

安和二年

天禄元年

天禄二年

天禄三年

掾　橘正通　八月廿八日見（類聚歌合）　*袋草紙遺編・古今著聞集は九月廿八日とする

天延元年

天延二年

権介　従五位下島田資忠　正月卅日任（外記補任）元大外記

—卒（外記補任）

天延三年

貞元元年

貞元二年

守　従五位下ヵ賀茂連量—任（外記補任天禄三年条尻付）

*不赴任

天元元年

天元二年

天元三年

天元四年

天元五年

永観元年
掾　伊豆近大　―停（大成抄第二下）
永観二年
介　正六位上伴広時　秋任（大成抄第一下）
寛和元年
寛和二年

能登国

寛平元年
寛平二年
寛平三年
寛平四年
寛平五年
寛平六年
寛平七年
寛平八年
寛平九年
昌泰元年
介　源凝　十月廿日見（紀家集）
昌泰二年
権守　従五位下藤原邦基　三月七日任（補任延喜廿一年条）
昌泰三年
守　春道新名　正月十一日任（古今目録春道列樹項）
*藤原邦基　五月十五日任刑部大輔（補任延喜廿一年条）
介　正六位上源忠　正月任（大成抄第二下）

延喜元年
権介　物部安興　九月見（雑言奉和）
権掾　源巌　正月廿七日任（要略巻二二）　左降*
延喜二年
延喜三年
延喜四年
延喜五年
延喜六年
延喜七年
延喜八年
守　従五位下紀延年　正月十二日任（外記補任）　元大外記
延喜九年
延喜十年
延喜十一年
延喜十二年
延喜十三年
延喜十四年
延喜十五年
延喜十六年
守　従五位下平起永　正月廿五日任（蔵人補任）　元蔵人修理権亮
延喜十七年
延喜十八年

延喜十九年

延喜二十年

延喜二十一年

守　従五位下藤原元名　八月十一日任（補任天徳二年条）

介　源遷　二月七日補蔵人（蔵人補任）　月日*

改名昭

延喜二十二年

介　源昭　正月廿九日任木工助（蔵人補任）蔵人

延長元年

延長二年

延長三年

延長四年

延長五年

延長六年

延長七年

延長八年

承平元年

承平二年

承平三年

承平四年

承平五年

承平六年

承平七年

天慶元年

天慶二年

天慶三年

天慶四年

天慶五年

丹*後守藤原経臣　四月廿五日叙従五位上（世紀）　能*登功課

天慶六年

天慶七年

天慶八年

天慶九年

権掾　大原忠亮　二月任（外記補任天延元年条）

天暦元年

権介　従五位下伴有道　五月四日見（符宣抄第九）　典薬頭針博士

天暦二年

天暦三年

天暦四年

天暦五年

天暦六年

天暦七年

天暦八年

天暦九年

天暦十年

守　藤原利博　七月十一日見（符宣抄第一〇）

天徳元年
天徳二年
介　従五位下安倍利見　正月卅日任（外記補任）元大外記
天徳三年
天徳四年
応和元年
応和二年
応和三年
康保元年
康保二年
康保三年
康保四年
安和元年
安和二年
天禄元年
天禄二年
天禄三年
守　（姓欠）仲輔　三月二日見（親信卿記）
守　源順　九月五日見（多武峯略記）不審*
天延元年
天延二年
天延三年

貞元元年
貞元二年
権守　高階成忠　十月十一日任（紀略）元大学頭
権介　外従五位下佐伯公行　正月廿八日任（外記補任）元大外記
天元元年
天元二年
守　従五位上源順　正月任（歌仙伝）
天元三年
守　従五位上源順　正月廿九日任（源順集）
権守　高階成忠　九月三日見（願文集・仁和寺諸記抄・天元三年中堂供養願文・叡岳要記）延暦寺供養記は能登守に作る*　九月廿日見（願文集・東寺金剛蔵聖教目録）九月三日と同一の願文*
天元四年
天元五年

永観元年
源順*　－卒（歌仙伝）
権介　正六位上源傅　－任（大成抄第四）
永観二年
寛和元年
寛和二年

越中国

寛平元年
寛平二年
寛平三年
権掾　従八位上橘正行　三月廿九日見（平二〇四）
史生　従七位下小野真人　三月廿九日見（平二〇四）

寛平四年
介　従五位上貞登　二月任（古今目録）
寛平五年
貞登*　正月任紀伊権守（古今目録）
寛平六年
寛平七年
寛平八年
寛平九年
守　従五位下橘秋実　八月五日見（平二〇四）
掾　正六位上紀寅雄　八月五日見（平二〇四）
昌泰元年
昌泰二年

昌泰三年
延喜元年
延喜二年
介　従五位下藤原後蔭　―任（古今目録）
延喜三年
藤原後蔭*　十二月廿六日任左馬助（古今目録）
延喜四年
延喜五年
守　従五位下佐伯有若　七月十一日見（平一九二）
延喜六年
延喜七年

延喜八年

延喜九年

延喜十年

守　従五位下清原正基　七月九日見、十月十五日見（平二〇四）

介　従五位下上毛野茂実　十月十五日見（平二〇四）

権掾　従七位上伊勢茂行　七月九日見、十月十五日見（平二〇四）

史生　従八位下紀広宗　七月九日見（平二〇四）

延喜十一年

延喜十二年

延喜十三年

延喜十四年

延喜十五年

延喜十六年

延喜十七年

延喜十八年

延喜十九年

延喜二十年

守　橘惟親　二月五日見（西宮記）

延喜二十一年

延喜二十二年

延長元年

延長二年

延長三年

延長四年
延長五年
延長六年
延長七年
延長八年
守　従五位上葛井清明　六月廿日任符請印（符宣抄第八）元備中介
権介　外従五位下春淵良規　十二月十七日任（外記補任）元大外記
承平元年
承平二年
承平三年
承平四年
承平五年
承平六年
承平七年
前司葛井清明[*]　ー見（要略巻五三、五四）同[*]巻五六には越前前司と見える
天慶元年
天慶二年
天慶三年
守　善淵永貞　四月廿六日見（大鏡裏書）
天慶四年
天慶五年
讃岐介伴彦真[*]　四月廿五日叙従五位上（世紀）越[*]

国司補任　越中国（延長四年〜天慶五年）

中功課

天慶六年

天慶七年

天慶八年

天慶九年

天暦元年

天暦二年

天暦三年

天暦四年

天暦五年

天暦六年

天暦七年　前守藤原弘雅*　七月十七日見（要略巻五九）

天暦八年　前司藤原後生*　三月九日見（小野宮年中行事）

天暦九年

天暦十年

天徳元年

天徳二年

天徳三年

守　藤原後生　四月十九（廿九カ）日見（門葉記）　前司か*

天徳四年

応和元年
応和二年
応和三年
康保元年
康保二年
康保三年
康保四年
安和元年
安和二年
天禄元年
天禄二年
天禄三年
天延元年
介　溥理雅秀　正月廿八日任（山槐記除目部類）
天延二年
天延三年
貞元元年
貞元二年
天元元年
天元二年
天元三年
天元四年

天元五年

永観元年

永観二年

権介　藤原泰時　春秩満（魚魯・魚魯別録）

権介　正六位上刑部理風　春任（魚魯・魚魯別録）

寛和元年

寛和二年

越後国

寛平元年

寛平二年

寛平三年

寛平四年

寛平五年

寛平六年

寛平七年

寛平八年

寛平九年

昌泰元年

昌泰二年

昌泰三年

延喜元年

延喜二年

守　紀有世　九月廿日見（紀略）　―見（春記長久

元年五月一日条）

延喜三年

延喜四年

延喜五年

延喜六年

延喜七年

延喜八年

延喜九年

延喜十年

延喜十一年

延喜十二年

延喜十三年

延喜十四年

延喜十五年

延喜十六年

守　藤原遠成　七月五日任符請印（符宣抄第八）

延喜十七年

延喜十八年

延喜十九年

延喜二十年

守　藤原忠紀　二月五日見（西宮記）

延喜二十一年

国司補任　越後国（延喜二年～同二十一年）

延喜二十二年

延長元年

延長二年

延長三年

延長四年

延長五年

延長六年

延長七年

延長八年

承平元年

承平二年

承平三年

守　源経生　春見（日本新国史）

承平四年

守　藤原子高　―任（今昔巻一四）

承平五年

承平六年

承平七年

*前司清原樹蔭　―見（要略巻六〇）

天慶元年

天慶二年

天慶三年

天慶四年

天慶五年

天慶六年

天慶七年

天慶八年

天慶九年

天暦元年

天暦二年

天暦三年

天暦四年

天暦五年

天暦六年

介（権介カ）　小槻糸平　正月任（大成抄第五）竿博士

天暦七年

天暦八年

権介　従五位上小槻糸平　六月十九日見（符宣抄第九）主税頭

竿博士

天暦九年

天暦十年

介（権介カ）　小槻糸平　―秩満（大成抄第五）

天徳元年

天徳二年

守　従五位上源信明　正月廿九日任（歌仙伝）

天徳三年

天徳四年

応和元年
　源*信明　十月十三日任陸奥守（歌仙伝）
応和二年
応和三年
康保元年
康保二年
康保三年
康保四年
安和元年
守　従五位上藤原為信　―見（多武峯略記）
安和二年
天禄元年
天禄二年
天禄三年
天延元年
守　宮道弘氏　四月廿四日卒（紀略）
天延二年
天延三年
貞元元年
貞元二年
守　（姓欠）すけなり八月十六日見（三条左大臣殿前栽合）　源*輔成か
天元元年

天元二年

天元三年

天元四年

天元五年

権介　正六位上藤原季明　―任（大成抄第二下）

永観元年

永観二年

守　従五位上藤原在国　二月一日任（補任正暦元年条）

寛和元年

寛和二年

守　従五位上藤原在国　七月廿二日叙正五位下（補任正暦元年条）八月十三日遷左少弁（補任同上、御歴代抄）

佐渡国

寛平元年

寛平二年

寛平三年

寛平四年

寛平五年

寛平六年

寛平七年

寛平八年

寛平九年

昌泰元年

昌泰二年

昌泰三年

延喜元年

延喜二年

延喜三年

延喜四年

延喜五年

延喜六年

延喜七年

延喜八年

延喜九年

延喜十年

延喜十一年

延喜十二年

延喜十三年

延喜十四年

延喜十五年

延喜十六年

延喜十七年

延喜十八年

延喜十九年

延喜二十年

延喜二十一年

延喜二十二年

佐渡守(姓欠)良道*　延喜中見(北山抄)

延長元年

延長二年

延長三年

延長四年

延長五年

延長六年

延長七年

延長八年

承平元年

承平二年

承平三年

承平四年

前守ヵ巨勢惟平*　四月七日解由(別符宣抄)

承平五年

承平六年

承平七年

天慶元年

天慶二年

天慶三年

天慶四年
天慶五年
天慶六年
天慶七年
天慶八年
天慶九年
天暦元年
天暦二年
天暦三年
天暦四年
天暦五年
天暦六年
天暦七年
天暦八年
天暦九年
天暦十年
天徳元年
天徳二年
天徳三年
天徳四年
応和元年
応和二年

応和三年
守　正六位上朝原世常　正月廿八日任（魚魯）元大蔵少丞
三月廿五日任符請印（符宣抄第八）
康保元年
康保二年
康保三年
康保四年
安和元年
安和二年
天禄元年
天禄二年
天禄三年
天延元年
天延二年
天延三年
貞元元年
貞元二年
天元元年
天元二年
天元三年
＊佐土守清原滋藤（マヽ）　この年以前見（平三一一五）
天元四年

天元五年

永観元年

永観二年

寛和元年

寛和二年

丹波国

寛平元年

寛平二年

寛平三年

寛平四年

寛平五年

寛平六年

寛平七年

寛平八年

権守　従四位下源宗于　正月任（古今目録・歌仙伝）

介　外従五位下和気宗世　正月廿六日任（外記補任）元大外記

寛平九年

守　□中正王　四月十一日見（平補二五六）

*源宗于　十一月廿三日叙従四位上（古今目録・歌仙伝）*主基

介　藤原（名欠）四月十一日見（平補二五六）

権介　善淵（名欠）四月十一日見（平補二五六）

掾　小野今常　四月十一日見（平補二五六）

権掾　佐伯（名欠）四月十一日見（平補二五六）

大目　佐伯（名欠）四月十一日見（平補二五六）

権大目　巨勢（名欠）四月十一日見（平補二五六）

権大目　川原椋人　四月十一日見（平補二五六）

少目　礒部（名欠）四月十一日見（平補二五六）

昌泰元年

昌泰二年

昌泰三年

延喜元年

延喜二年

延喜三年

権少目　高田春雄　正月任（魚魯）

延喜四年

延喜五年

延喜六年

延喜七年

権大目　凡河内躬恒正月十三日任（古今目録）歌*仙伝は丹波権目に作る

延喜八年

延喜九年

延喜十年

延喜十一年

凡*河内躬恒正月十三日任和泉権掾（古今目録・歌仙伝）

延喜十二年

守　従五位上源等　正月十五日任（補任天暦元年条）

延喜十三年

延喜十四年

延喜十五年

守　従五位上源等　十月廿二日見（平二一三）

権守　従四位下源斉明　二月廿二日任（補任天暦五年条）

介　尾張（名欠）十月廿二日見（平二一三）

掾　多治（名欠）十月廿二日見（平二一三）

権掾　橘（名欠）　十月廿二日見（平二一三）

大目　物部（名欠）十月廿二日見（平二一三）

少目　高橋（名欠）十月廿二日見（平二一三）

権少目　山（名欠）　十月廿二日見（平二一三）

延喜十六年

源*等　－任内匠頭（補任天暦元年条）

掾　大江朝綱　三月廿八日任（補任天暦七年条）文章得業生

延喜十七年

源*等　正月廿九日任美濃権守（補任天暦元年条）

源*斉明　正月廿日任侍従（補任天暦五年条）

権掾　正六位上藤原邦実　－見（紀家集裏文書）

延喜十八年

権介　従五位下島田仲方　十二月四日見（符宣抄第六）図書頭

掾　大江朝綱　正月十三日遷信濃権掾（異補任天徳元年条）

延喜十九年

延喜二十年

延喜二十一年

介　従五位上藤原久貞　正月廿五日見（延喜交替式）勘解由次官

延喜二十二年

延長元年

延長二年

守　紀淑行　―見(鎌六八〇)

権守　従四位下源斉明　八月九日任(補任天暦五年条)　左馬頭

大介散位大江(名欠)*―見(鎌六八〇)　不審*

石間権介丹波(名欠)*―見(鎌六八〇)　不審*

延長三年

守　(姓欠)基通　六月見(大日本史)

延長四年

守　藤原隆行　十二月見(大日本史)

介　(姓欠)秋成　十一月十七日見(西宮記)

延長五年

延長六年

守　正五位下源恵(忠)　正月廿五日任(古今目録)

延長七年

延長八年

承平元年

守　源忠　二月十二日卒(貞信公記抄)

源恵*　―卒(古今目録)

守　従四位下藤原忠文　三月十三日任(補任天慶二年条)

承平二年

守　従四位下藤原忠文　九月廿二日見(平二四〇)　十*一月十六日叙従四位上(補任天慶二年条)　主基*

介　藤原(名欠)九月廿二日見(平二四〇)

権介　藤原(名欠)九月廿二日見(平二四〇)

権掾　山田(名欠)九月廿二日見(平二四〇)

大目　秦(名欠)　九月廿二日見(平二四〇)

権大目　長岑(名欠)九月廿二日見(平二四〇)

承平三年

前司高橋元幹*　―見(要略巻五三)

国司補任　丹波国（承平四年～天慶六年）

承平四年

承平五年

守　従五位上伴忠茂　三月七日任符請印（符宣抄第八）元但馬守

権守　従四位下源庶明　二月廿三日任（補任天慶四年条）左京大夫右兵衛督

承平六年

承平七年

天慶元年

天慶二年

守　正五位下平随時　二月一日任（補任天暦二年条）防鴨河使左衛門権佐

天慶三年

天慶四年

介　正五位下藤原朝忠　三月廿八日任（補任天暦六年条）左近衛権少将　一任（歌仙伝）

天慶五年

守　正五位下平随時　閏三月廿八日見（要略巻六一）防鴨河使左衛門権佐　四月六日見（世紀）　四月廿五日見（平二五三）　四月廿五日叙従四位下（世紀）

権介　従五位下尾張言鑒　七月廿日見（慶延記・醍醐寺要書）左大史

権掾　御船最仲　四月廿五日見（平二五三）

権掾　平朝望　四月廿五日見（平二五三）

権大目　津守（名欠）四月廿五日見（平二五三）

少目　栗前（名欠）四月廿五日見（平二五三）

天慶六年

守　紀淑人　二月廿六日任（古今目録）

権守　従四位上藤原在衡　二月任（異補任天禄元年条）参議左大弁式部大輔

権介　従五位下尾張言鑒　八月廿二日見（東大寺一―二一三）

左大史　九月廿三日見(東大寺一—一〇八)　十月十一日見(東大寺一—一七二)

天慶七年

権守　従四位上藤原在衡　二月廿一日任(補任)参議左大弁式部大輔　三月廿九日停式部大輔(補任)

天慶八年

権守　従四位上藤原在衡　—見(補任)参議左大弁

天慶九年

権守　正四位下藤原在衡　—見(補任)参議左大弁

天暦元年

守　従四位下藤原元名　二月一日任(補任天徳二年条)

*藤原在衡　四月廿六日任権中納言(補任)

天暦二年

守　正五位下藤原経臣　—遷肥前守(宝篋院陀羅尼伝来記・題跋備考)

天暦三年

権守　従四位上良峯義方　正月三日見(文粋第五同年三月十六日藤原忠平上表文)右近衛中将内蔵権頭

天暦四年

天暦五年

天暦六年

天暦七年

天暦八年

権大目　従八位上飛鳥戸時持　—任(大成抄第四)

天暦九年

天暦十年

天徳元年

守　正五位下藤原守義　正月廿七日任(補任天禄三年条)

天徳二年

天徳三年

天徳四年

応和元年

守　従五位上藤原為輔　正月廿五日任（補任天延三年条）

　*丹波守（姓欠）高輔　応和中赴任（禁秘抄）

応和二年

守　従五位下大中臣公節　正月廿一日任（類聚大補任・中臣系図）　*祭主補任集は丹後守に作る

応和三年

　*藤原守義　正月七日叙従四位上（補任天禄三年条）　*丹波功

康保元年

康保二年

康保三年

介　従五位下藤原元真　正月廿七日任（歌仙伝）

康保四年

安和元年

安和二年

天禄元年

守　藤原倫寧　五月十九日見（紀略）

天禄二年

天禄三年

守　平貞盛　正月任（符宣抄第八寛弘七年六月八日奏状）

天延元年

介　従五位上藤原篤茂　正月十五日見（文粋第六）図書頭

天延二年

守　平貞盛　十一月遷陸奥守（符宣抄第八寛弘七年六月八日奏状）

天延三年

貞元元年

貞元二年

権掾　正六位上伴利主　秋任（魚魯・魚魯別録）＊翌年任か

＊賀茂保憲　二月廿三日卒（分脈）＊賀茂保憲女集に保憲は丹波権介忠行の子と見える

天元元年

権掾　正六位上伴利主　秋任（大成抄第二下）＊魚魯は丹波掾に作る

天元二年

天元三年

天元四年

天元五年

守　四位　藤原為雅　正月三日見（小右記）十一月廿五日見（要略巻五一）

永観元年

権掾　中臣保親　―停（大成抄第二下）

権掾　正六位上豊原雅方　―任（大成抄第二下）

永観二年

＊従五位下鍼博士丹波介丹波康頼十一月廿八日撰進医心方（医学館校刻本医心方序）

寛和元年

守　従五位上藤原為頼　正月廿一日任（為頼集）

権守　正三位　藤原義懐　正月廿三日任(補任)　右近衛中将
九月十四日兼任参議(補任)　十一月廿二日叙従二位(補任)　*主基国司　*十二月廿七日任権中納言(補任)
権掾　秦兼利　―停(大成抄第二下)
権掾　正六位上源鎮　―任(大成抄第二下)
権掾　正六位上藤原罩親　秋任(大成抄第一下)
権掾　正六位上菅原行正　秋任(大成抄第一下)

寛和二年

丹後国

寛平元年

寛平二年

寛平三年

寛平四年

寛平五年

寛平六年

寛平七年

寛平八年

寛平九年

昌泰元年

昌泰二年

目　正六位上忌部久世人　―任(大成抄第四)

昌泰三年

延喜元年

延喜二年

延喜三年
権少目　高田春雄　―任（大成抄第一上）
延喜四年
延喜五年
介　正六位上源就　―任（大成抄第四）
延喜六年
延喜七年
延喜八年
延喜九年
延喜十年
延喜十一年
延喜十二年
延喜十三年
延喜十四年
延喜十五年
延喜十六年
延喜十七年
延喜十八年
延喜十九年
延喜二十年
延喜二十一年
延喜二十二年
延長元年

延長二年

延長三年

延長四年

延長五年

延長六年

延長七年

守　従五位下高橋元幹　正月廿九日任（外記補任）元大外記

延長八年

承平元年

承平二年

承平三年

承平四年

承平五年

*下野守従五位上大中臣定行　三月七日任符請印（符宣抄第八）
元丹後守

承平六年

承平七年

天慶元年

天慶二年

天慶三年

天慶四年

天慶五年

守　藤原経臣　四月廿五日叙従五位上（世紀）

天慶六年

天慶七年

天慶八年

天慶九年

天暦元年

天暦二年

天暦三年

天暦四年

守　従五位下藤原遠規　五月廿四日見（紀略）　*御産部類記は前但馬守とする

天暦五年

天暦六年

天暦七年

天暦八年

天暦九年

掾　大江斉光　二月任（補任天元四年条）文章得業生

天暦十年

天徳元年　*大江斉光　正月任美濃権大掾（補任天元四年条）

天徳二年

天徳三年

天徳四年

応和元年

応和二年

守　従五位下大中臣公節 正月廿六日任（祭主補任集）類聚*

大補任は丹波守に作る

応和三年

康保元年

康保二年

康保三年

康保四年

安和元年

安和二年

天禄元年

天禄二年

天禄三年

天延元年

天延二年

天延三年

貞元元年

貞元二年

掾　藤原朝茂 正月任（勘例）

天元元年

天元二年

天元三年

天元四年

天元五年

永観元年

永観二年

権目　正六位上桑原成見　―任（大成抄第四）

寛和元年

掾　曽祢好忠　二月十三日見（大鏡裏書）

寛和二年

寛平三年

寛平四年

寛平五年

寛平六年

寛平七年

寛平八年

寛平九年

昌泰元年

権大目　平野清真　正月任（魚魯）

但馬国

寛平元年

昌泰二年

寛平二年

昌泰三年

国司補任　丹後国（天元四年～寛和二年）　但馬国（寛平元年～昌泰三年）

国司補任　但馬国（延喜元年〜同十六年）

延喜元年
権守　源敏相　正月廿七日任（要略巻二二）　左遷*、
元左兵衛佐
延喜二年
介　従五位上大蔵善行　二月廿三日任（外記補任）　大外記
九*月十五日任民部少輔（外記補任）
権大目　従八位下林康恒　－任（魚魯・県召除目次第）
延喜三年
延喜四年
延喜五年
守　正五位下大蔵善行　八月見（延喜式序）　民部大輔勘解由
次官
延喜六年
延喜七年
延喜八年
延喜九年
介　藤原顕相　正月十一日任（西宮記）
延喜十年
延喜十一年
延喜十二年
延喜十三年
延喜十四年
前*介藤原顕相　正月十二日任讃岐権介（西宮記）
延喜十五年
延喜十六年

延喜十七年

介　従五位上橘秘樹　三月十六日任符請印（符宣抄第八）

元阿波守

*但馬目林康恒　この年以前遷任（紀家集裏文書）

延喜十八年

延喜十九年

介　従五位下大蔵是明　七月十二日遭喪解任（別符宣抄九月廿六日官符）

介　従五位下橘方用　九月廿六日見（別符宣抄）

*前介大蔵是明　九月廿六日見（別符宣抄）　*新司未到間行国務

延喜二十年

延喜二十一年

延喜二十二年

延長元年

延長二年

大目　内蔵冬蔭　－更任（魚魯）

延長三年

守　（姓欠）隆通九月見（大日本史）

延長四年

延長五年

延長六年

延長七年

延長八年

承平元年

国司補任　但馬国（承平二年～天暦元年）

承平二年
承平三年
承平四年
承平五年
丹*波守伴忠茂　三月七日任符請印（符宣抄第八）元但馬守
承平六年
承平七年
前*司藤原師範　―見（要略巻五四）
天慶元年
天慶二年
天慶三年

天慶四年
藤*原在衡　十二月廿五日任参議（補任）但馬介従五位下有頼の子　鞍*馬蓋寺縁起は但馬守有頼に作る
天慶五年
権介　伴仲舒　四月十七日見（世紀）
天慶六年
天慶七年
天慶八年
天慶九年
前*守従五位上藤原俊連　十月廿八日見（大嘗会御禊部類記）
天暦元年
介　従五位下三園千桂　二月一日任（外記補任）元大外記
前*守藤原俊連　四月廿六日見（初任大臣大饗雑例）

天暦二年

三*園千桂　二月任石見守（外記補任天暦元年条尻付）

天暦三年

天暦四年

前*守藤原遠規　五月廿四日見（御産部類記）　大*鏡裏書は但馬守、紀略は丹後守に作る　五月廿六日見（御産部類記）
七*月廿三日任春宮大進（御産部類記）　従五位下

天暦五年

天暦六年

天暦七年

天暦八年

天暦九年

天暦十年

天徳元年

天徳二年

天徳三年

天徳四年

権守　従五位下菅原輔正　二月十九日任（補任正暦三年条・中古歌仙）　四*月廿二日任民部少輔（補任同上）

応和元年

応和二年

応和三年

康保元年

康保二年

康保三年
康保四年
安和元年
安和二年
権介　源致賢　五月九日出家（紀略）
天禄元年
天禄二年
天禄三年
天延元年
天延二年
天延三年
*参議従三位左衛門督但馬権守源重光二月廿日見（除目申文抄）*伊予権守か
貞元元年
貞元二年
守　（姓欠）さねまさ八月十六日見（三条左大臣殿前栽合）*藤原実正か
天元元年
天元二年
天元三年
守　（源ヵ）堯時十二月一日見（紀略）
天元四年
天元五年
権守　従五位下菅野忠輔　十月十八日任（外記補任）大外記

永観元年
権守　従五位下菅野忠輔　―停（外記補任）大外記
権掾　正六位上清原為盛　―任（除目部類抄）
永観二年
権守　正五位下菅原資忠　八月廿四日見（東寺要集）右中弁大学頭文章博士
権大目　正六位上飛鳥戸貞連―任（大成抄第四）
目　小治田貞安八月十八日停（魚魯）
寛和元年
寛和二年
守　源為親　八月七日解却（小記目録）

因幡国

寛平元年
権守　従四位下基世王　正月任（古今目録・顕昭古今集註）
寛平二年
掾　藤原菅根　正月任（補任延喜八年条）文章生
八月五日見（群載第一七・興福寺縁起）
寛平三年
*藤原菅根　三月九日任少内記（補任延喜八年条）
寛平四年
守　藤原郡（邦カ）直　十一月十三日見（紀略）
寛平五年
寛平六年
寛平七年
寛平八年
寛平九年
昌泰元年

昌泰二年
介　従五位下橘（名欠）　九月十日見（平一九三）　十一月二日見（平一九六）
権介　従五位下藤原（名欠）十一月二日見（平一九六）
掾　従七位上藤原（名欠）九月十日見（平一九三）　十一月二日見（平一九六）
権掾　正六位上紀河主　九月十日見（平一九三）　名欠*　十一月二日見（平一九三）
大目　従七位上阿閇（名欠）九月十日見（平一九三）　十一月二日見（平一九六）
権大目　大初位上土師（名欠）十一月二日見（平一九六）
少目　正七位上麻田（名欠）九月十日見（平一九三）　十一月二日見（平一九三）

昌泰三年
掾　藤原言直　—任（古今目録）　作者部類は因幡権掾に作る*

延喜元年
守　従五位下藤原邦基　二月十九日任（補任延喜廿一年条）

延喜二年
権掾　正六位上紀河望　正月任（大成抄第四）

延喜三年

延喜四年

延喜五年
守　従五位下当麻春助　九月十日見（平一九三）　十一月二日見（平一九六）
権守　従五位下源（名欠）　十一月二日見（平一九六）

延喜六年

延喜七年

延喜八年

延喜九年

守　　　　橘公廉　　正月十一日任（西宮記）

延喜十年

延喜十一年

延喜十二年

延喜十三年

延喜十四年

延喜十五年

延喜十六年

延喜十七年

延喜十八年

延喜十九年

延喜二十年

延喜二十一年

延喜二十二年

延長元年

延長二年

権掾　　正六位上紀阿望　　―任（魚魯）

延長三年

延長四年

延長五年

延長六年

延長七年

延長八年

承平元年

承平二年

承平三年

承平四年

承平五年

承平六年

承平七年

天慶元年

天慶二年

天慶三年

天慶四年

守　滋野有城　二月二日見（平二五二一）

権守　（名欠）王　二月二日見（平二五二一）

掾　朝原世秀（季イ）　十月廿七日復任（世紀）

大目　檜前（名欠）二月二日見（平二五二一）

権大目　凡河内（名欠）二月二日見（平二五二一）

権大目　凡（名欠）　二月二日見（平二五二一）

少目　中臣（名欠）二月二日見（平二五二一）

権少目　日置（名欠）二月二日見（平二五二一）

天慶五年

天慶六年

天慶七年

天慶八年

守　従五位下平清幹　五月十九日任符請印（符宣抄第八）

元上野介

天慶九年
介　紀敏世　四月廿八日見（即位部類記）
天暦元年
*遠江守従五位下平統理　二月十六日任符請印（符宣抄第八）
元因幡守
天暦二年
天暦三年
天暦四年
守　従五位下藤原為輔　七月五日任（補任天延三年条）
天暦五年
天暦六年
天暦七年

天暦八年
天暦九年　*藤原為輔　二月七日任尾張守（補任天延三年条）
天暦十年
天徳元年
天徳二年
介　長広兼　四月八日見（九暦抄・紀略）
天徳三年
天徳四年
応和元年
守　菅原雅規　三月五日見（扶桑）　*濫觴抄は雅親に作る

応和二年
応和三年
康保元年
康保二年
康保三年
康保四年
安和元年
安和二年
天禄元年
天禄二年
天禄三年
天延元年
天延二年
天延三年
貞元元年
貞元二年
天元元年
天元二年
権掾　正六位上山口直平　―任（除目部類抄）
天元三年
天元四年
少目　従七位上玉部正信　―更任（大成抄第二上）
天元五年

永観元年

永観二年

介　正六位上清原長義　秋任（大成抄第四）

寛和元年

寛和二年

伯耆国

寛平元年

寛平二年

寛平三年

寛平四年

寛平五年

寛平六年

権掾　橘澄清　十二月廿八日任（補任延喜十三年条）
文章生

*大中臣安則　四月任祭主（二所太神宮例文）　伯耆大掾道雄の子

寛平七年

寛平八年

守　従五位下良峯秀崇　正月廿六日任（古今目録）

*橘澄清　正月廿一日補蔵人、正月廿六日任兵部少丞（補任延喜十三年条）

寛平九年

昌泰元年

権大目　正七位下宗岳春枝　―任（魚魯）

昌泰二年

昌泰三年

延喜元年

権目　山口高利　正月廿七日任（要略巻二二）　左降、*元右馬属

延喜二年

延喜三年

延喜四年

延喜五年

延喜六年

延喜七年

延喜八年

延喜九年

延喜十年

延喜十一年

延喜十二年

延喜十三年

大目　従七位上上毛野夏蔭　春任（大成抄第二上）　元常陸少目

延喜十四年

延喜十五年

延喜十六年

延喜十七年

延喜十八年

延喜十九年

延喜二十年

延喜二十一年

延喜二十二年

守　従五位下当麻有業　正月卅日任（外記補任）元大外記

延長元年

延長二年

延長三年

延長四年

延長五年

延長六年

延長七年

国司補任　伯耆国（延喜二十年～天慶元年）

延長八年

承平元年

承平二年

承平三年

前司小野高峯*　―見（要略巻二七）

承平四年

承平五年

承平六年

承平七年

前司橘家肥*　―見（要略巻五四）

天慶元年

天慶二年

天慶三年

天慶四年

天慶五年

天慶六年

天慶七年

天慶八年

天慶九年

天暦元年

守　船実平　二月十六日見（貞信公記抄）四月三日見（紀略）

*前司（檜前ヵ）忠明　四月三日見（紀略）

天暦二年

天暦三年

天暦四年

天暦五年

天暦六年

天暦七年

天暦八年

天暦九年

天暦十年

天徳元年

天徳二年

守　文武並　正月任（外記補任天暦十年条尻付）

天徳三年

天徳四年

応和元年

応和二年

応和三年

康保元年

康保二年

康保三年

康保四年

安和元年

守　藤原公明　二月廿九日任符請印（符宣抄第八）

安和二年

天禄元年

天禄二年

天禄三年

天延元年

天延二年

天延三年

貞元元年

貞元二年

天元元年

天元二年

天元三年
従*三位源博雅　九月廿八日薨（紀略）　郢*曲相承次第に博雅の子伯耆守至光と見える

天元四年

天元五年
権介　外従五位下伴義忠　正月卅日任（外記補任）元大外記

永観元年
権掾　正六位上賀陽孝忠　｜任（大成抄第四）

永観二年

寛和元年

寛和二年

出雲国

寛平元年
守　従五位下藤原直房　十二月廿五日見（平補二五六）

寛平二年

寛平三年

寛平四年

寛平五年

寛平六年

寛平七年

寛平八年

寛平九年

昌泰元年

昌泰二年

昌泰三年

延喜元年

権守　源善　正月廿五日任（扶桑）　左遷*、元右近衛中将　正月廿七日任（要略巻二二）　左降*

延喜二年

延喜三年

延喜四年

延喜五年

故出雲掾*（佐伯ヵ）和安雄　七月十一日見（平一九二）

延喜六年

国司補任　出雲国（昌泰元年～延喜十四年）

延喜七年

延喜八年

延喜九年

権介　外従五位下惟良有之正月十一日任（外記補任）元大外記

延喜十年

惟良有之*　正月任土佐守（外記補任延喜九年条尻付）

延喜十一年

延喜十二年

延喜十三年

少目　従六位下伴藤利　－任（大成抄第四）

延喜十四年

守　凡河内弘恒五月七日免本任放還（符宣抄第八）

国司補任　出雲国（延喜十四年〜承平三年）

元大隅守
延喜十五年
延喜十六年
延喜十七年
延喜十八年
延喜十九年
延喜二十年
延喜二十一年
延喜二十二年
延長元年
延長二年

延長三年
前司藤原惟房*　―見（要略巻二七）
延長四年
延長五年
延長六年
延長七年
延長八年
承平元年
承平二年
介　外従五位下朝原三行 正月廿七日任（外記補任）元大外記
承平三年

承平四年

承平五年

承平六年

守　従五位下内蔵時景　正月十九日任（外記補任）元大外記

承平七年

天慶元年

天慶二年

天慶三年

天慶四年

天慶五年

天慶六年

天慶七年

天慶八年

天慶九年

天暦元年

天暦二年

守　従五位下十市有象　正月任（外記補任天慶九年条尻付・地下家伝）

天暦三年

天暦四年

天暦五年

天暦六年

天暦七年

天暦八年
天暦九年
天暦十年
守　従五位下平（名欠）　四月廿一日見（群載第一六）
掾　正六位上滋野（名欠）四月廿一日見（群載第一六）
掾　正六位上和気（名欠）四月廿一日見（群載第一六）
権大目　正六位上高屋（名欠）四月廿一日見（群載第一六）
天徳元年
守　外従五位下浅井守行－見（平一一六一）
介　外従五位下小智延年－見（平一一六一）
権介　従五位下家原保実　－見（平一一六一）
天徳二年
守　従五位下多治文正　－見（平一一六一）
天徳三年
天徳四年
応和元年
応和二年
守　橘泰胤　四月十九日見（紀略）
応和三年
康保元年
権守　従五位下伴師相　三月廿六日見（平一一六一）
介　従五位下島田公望　七月八日見（平一一六一）
康保二年
権守　従五位下伴師相　五月廿八日見（平一一六一）
康保三年
康保四年

安和元年

安和二年

天禄元年

天禄二年

天禄三年

天延元年

天延二年

天延三年

貞元元年

貞元二年

天元元年

介　出雲明方　―停（魚魯）

介　正六位上膳部数平　―任（魚魯）

権介　従五位下菅野忠輔　三（二カ）月三日任（外記補任）元大外記

天元二年

天元三年

権介　従五位下菅野忠輔　七月一日任大外記（外記補任）

天元四年

天元五年

永観元年

権介　正六位上小槻長貫　―任（大成抄第四）

永観二年

寛和元年

寛和二年

石見国

寛平元年

寛平二年

寛平三年

寛平四年

寛平五年

寛平六年

権守　従五位下橘葛直　十二月任（古今目録）

寛平七年

寛平八年

寛平九年

昌泰元年

昌泰二年

昌泰三年

延喜元年

延喜二年

延喜三年

延喜四年

延喜五年

延喜六年

延喜七年

延喜八年
延喜九年
延喜十年
延喜十一年
延喜十二年
延喜十三年
延喜十四年
*前石見守藤原有秋　正月十二日任常陸介（西宮記）
延喜十五年
延喜十六年
延喜十七年
延喜十八年
延喜十九年
延喜二十年
延喜二十一年
延喜二十二年
延長元年
延長二年
延長三年
延長四年
延長五年
延長六年

延長七年

延長八年

承平元年

承平二年

承平三年

承平四年

承平五年

承平六年

承平七年

*前司藤原望見　―見（要略巻五三、五四、六〇）

天慶元年

天慶二年

天慶三年

天慶四年

天慶五年

天慶六年

天慶七年

天慶八年

天慶九年

天暦元年

天暦二年

守　従五位下三園千桂　二月任（外記補任天暦元年条尻付）

天暦三年

天暦四年

天暦五年

掾　正六位上平忠信　五月十一日見（平二五九～二六一）

天暦六年

介　外従五位下菅野正統　正月十一日任（外記補任）元大外記

天暦七年

天暦八年

目　正六位上丈部在真　―任（大成抄第三下）

天暦九年

天暦十年

天徳元年

守　従五位下安倍衆与　正月卅日任（外記補任）元大外記

天徳二年

天徳三年

天徳四年

応和元年

守　従五位下安倍良明　正月廿五日任（外記補任）元大外記

応和二年

応和三年

康保元年

康保二年

康保三年

康保四年

安和元年
安和二年
天禄元年
天禄二年
天禄三年
天延元年
天延二年
天延三年
守　坂上望城　四月任（外記補任天禄元年条尻付）
貞元元年
貞元二年
天元元年
守　（姓欠）栄誠　—卒（補任正暦元年藤原在国条）
坂上望城か*
守　従五位下藤原在国　九月廿一日任（補任正暦元年条）
天元二年
藤原在国*　三月廿八日叙従五位上（補任正暦元年条）
天元三年
天元四年
天元五年
守　従五位上藤原在国　—秩満、秋帰洛（本朝麗藻）
守　大原忠亮　正月任（外記補任貞元元年条尻付）
永観元年

永観二年

寛和元年

寛和二年

隠岐国

寛平元年

寛平二年

寛平三年

寛平四年

寛平五年

寛平六年

寛平七年

寛平八年

寛平九年

昌泰元年

昌泰二年

昌泰三年

延喜元年

延喜二年

延喜三年

延喜四年

延喜五年

延喜六年

延喜七年

延喜八年

延喜九年

延喜十年

延喜十一年

延喜十二年

延喜十三年

延喜十四年

延喜十五年

延喜十六年

掾

（姓欠）良宗　—見（要略巻五九）

*前司吉備忠常　—見（要略巻五九、六〇）

延喜十七年

延喜十八年

延喜十九年

延喜二十年

延喜二十一年

延喜二十二年

延長元年

延長二年

延長三年

延長四年

延長五年

延長六年

延長七年

延長八年

承平元年

承平二年

承平三年

承平四年

承平五年

承平六年

承平七年

天慶元年

天慶二年

天慶三年

天慶四年

天慶五年

天慶六年

天慶七年

天慶八年

天慶九年

天暦元年

天暦二年

天暦三年
天暦四年
天暦五年
天暦六年
天暦七年
天暦八年
天暦九年
天暦十年
天徳元年
天徳二年
天徳三年

天徳四年
応和元年
応和二年
応和三年
康保元年
康保二年
康保三年
康保四年
安和元年
安和二年
天禄元年

天禄二年

天禄三年

天延元年

天延二年

天延三年

貞元元年

貞元二年

天元元年

天元二年

天元三年

天元四年

天元五年

永観元年

永観二年

寛和元年

寛和二年

播磨国

寛平元年

寛平二年

寛平三年

寛平四年

権守　従四位下藤原高藤　正月廿三日任（補任寛平六年条）元

兵部大輔

権大掾　従五位下大蔵善行　―任（外記補任）大外記、元伊予権掾

寛平五年

権大掾　従五位下大蔵善行　―見（外記補任）大外記　―見（三実序）＊この年か

権少掾　藤原忠房　四月廿九日任（古今目録・歌仙伝）

（前＊司）藤原智泉　―見（要略巻五三）

寛平六年

権守　従四位下藤原高藤　正月三日叙従三位（補任）

寛平七年

守　従四位下源希　正月十一日任（補任）蔵人頭右大弁左近衛中将侍従　十月廿六日兼任参議（補任）

権守　従三位　藤原高藤　十月廿六日兼任参議（補任）

寛平八年

守　従四位下源希　―見（補任）参議右大弁侍従左近衛中将　三月四日見（三代格）

＊藤原高藤　正月廿六日任近江守（補任）

権守　正四位下源貞恒　正月廿六日任（補任）参議大蔵卿

少掾　良峯衆樹　正月廿六日任（補任延喜十七年条）左近衛将監

少掾　橘公頼　正月廿六日任（補任延長五年条）蔵人

＊藤原忠房　正月廿六日任左兵衛権少尉（古今目録・歌仙伝）

寛平九年

守　従四位下源希　五月廿五日兼任左大弁（補任）参議侍従左近衛中将、元右大弁　六月止中将（補任）　六月十九日見（三代格）参議右大弁侍従　七月十三日叙従四位上（補任）

権守　正四位下源貞恒　正月十一日兼任侍従（補任）参議大蔵卿　五月廿五日兼任右衛門督検非違使別当、去卿（補任）

＊良峯衆樹　二月十四日任越前大掾（補任延喜十七年条）

橘公頼* 正月十一日任左衛門少尉（補任延長
五年条）

昌泰元年

権守 従四位上源希 —見（補任）参議左大弁侍従

源貞恒* 正月廿九日任伊予権守（補任）

権大掾 正六位上藤原晴見 —任（大成抄第四・魚魯）

少目 菅野利見 正月任（魚魯）

昌泰二年

権守 従四位上源希 —見（補任）参議左大弁侍従 二*月
十四日任中納言（補任）

介 従五位上源悦 正月十一日任（補任延喜十九年条）
四*月二日任出羽守（補任同上）

介 従五位上橘良殖 四月二日任（補任延喜十九年条）

昌泰三年

権大掾 正六位上藤原文範 —任（大成抄第四）

延喜元年

権守 従四位上藤原清経 —見（補任）参議右兵衛督

延喜二年

権守 従四位上藤原清経 —見（補任）参議右兵衛督

介 従五位上藤原兼茂 四月廿三日任（補任延長元年条）
延喜九年任か*

延喜三年

守（権守ヵ） 従四位上藤原清経 —見（補任）参議右兵衛督

権守 従四位上平惟範 二月十六日任（補任）参議大蔵卿

介 従五位下藤原道明 正月十一日任（補任延喜九年条）

延喜四年

権守 従四位上平惟範 正月七日叙正四位下（補任）参議大
蔵卿

介 従五位上橘良殖 正月廿一日任（補任延喜十九年条）

藤原道明* 正月廿五日任権左少弁（補任延喜九
年条）

国司補任　播磨国（延喜五年～同九年）

延喜五年
権守　正四位下平惟範　八月見（延喜式序）参議大蔵卿　―
見（補任）播*磨守に作る
権介　従五位上藤原玄上　正月十一日任（補任延喜十九年条）
少納言
延喜六年
守　正四位下藤原清経　閏十二月十七日見（日本紀竟宴和歌）
参議右兵衛督
権守　正四位下平惟範　正月十一日任（補任）参議大蔵卿
介　従五位上橘澄清　正月十日任（補任延喜十三年条）
九月十七日叙正五位下（補任同上）　九月廿日見（西宮記）
橘*良殖　正月十一日任越前守（補任延喜十九
年条）
権介　従五位上藤原玄上　閏十二月十七日見（日本紀竟宴和歌）
少納言侍従
延喜七年
権（守カ）守　正四位下藤原清経　―見（補任）参議右兵衛督
延喜八年
守　正四位下藤原清経　正月十二日任右衛門督（補任）参議、
元右兵衛督
介　正五位下橘澄清　正月廿五日見（平一九八）
大掾　安倍（名欠）正月廿五日見（平一九八）
権大掾　藤原（名欠）正月廿五日見（平一九八）
（権大掾）完（宮）道（名欠）正月廿五日見（平一九八）　東*大寺五
―四二〇、同挿入図版参照
大目　坂本（名欠）正月廿五日見（平一九八）
権大目　紀恒末　―任（魚魯）　魚*魯別録は播磨大目
に作る
延喜九年
橘*澄清　正月廿一日任伊予介（補任延喜十三
年条）
権介　従五位上藤原兼茂　四月廿三日任（古今目録）左衛門佐

延喜十年

*藤原兼茂　正月十二日任左近衛少将（補任延長元年条）

延喜十一年

延喜十二年

延喜十三年

守　従三位　十世王　正月廿八日任（補任）参議宮内卿

権守　従四位上源当時　正月廿八日任（補任）参議右兵衛督検非違使別当　四月十五日任近江権守（補任）

権少目　従七位下勝用行　春遷木工権少属（大成抄第八下）

権少目　従七位下秦保里　春任（大成抄第八下）元木工権少属

延喜十四年

守　従三位　十世王　―見（補任）参議宮内卿

権守　従四位上橘澄清　正月十二日任（補任）参議左大弁勘解由長官

延喜十五年

守　従三位　十世王　―見（補任）参議宮内卿

権守　従四位上橘澄清　―見（補任）参議左大弁勘解由長官

延喜十六年

守　従三位　十世王　七月二日薨（補任）参議宮内卿

権守　従四位上橘澄清　―見（補任）参議左大弁勘解由長官　四月五日見（太政官符類）*真言諸山符案は延喜六年に作る

延喜十七年

守　従四位下藤原兼茂　正月廿九日任（古今目録）左近衛権中将　*補任延長元年条は播磨権守に作る　四月五日任斎院長官（古今目録・補任同上）

権守　従四位上橘澄清　―見（補任）参議左大弁勘解由長官　十一月三日見（扶桑鐘銘集）

介　正五位下藤原忠房　正月廿九日任（古今目録）左近衛権少将

権大掾　橘正臣　三月六日見（河海抄）

延喜十八年
権守　従四位上三善清行　正月十三日任（補任）参議宮内卿
十二月六日卒（補任）
権大掾　藤原有好　正月任（蔵人補任）蔵人左近衛将監

延喜十九年
権守　従四位上橘澄清　正月廿八日任（補任）参議左大弁勘
解由長官　十二月七日見（東大寺一―二六・東大寺寺務統譜）

延喜二十年
権守　従四位上橘澄清　―見（補任）参議左大弁勘解由長官
介　従五位上藤原忠文　九月廿一日任（補任天慶二年条）右
近衛少将　*異補任天暦元年条は播磨権介に作る

延喜二十一年
権守　従四位上橘澄清　正月廿五日見（延喜交替式）参議左
大弁勘解由長官
橘澄清*　正月卅日任中納言（補任）

延喜二十二年
守　従四位上藤原恒佐　正月卅日任（補任）参議右衛門督検
非違使別当
権守　従四位下橘公頼　正月卅日任（補任延長五年条）左近
衛中将

延長元年
藤原恒佐*　正月十二日任権中納言（補任）
橘公頼*　四月廿九日任備前権守（補任延長五
年条）
権守　従四位上藤原玄上　正月廿（四カ）九日任（補任）参議刑部卿
*異補任承平三年条は四月任播磨守に作る
介　正五位下藤原伊衡　正月十日任（補任承平四年条）右近
衛権少将

延長二年

延長三年
藤原玄上*　正月卅日任讃岐守（補任）

延長四年

延長五年
守　従四位上源英明　二月九日補蔵人頭(皇代暦)左近衛中将　職*事補任は播磨守のこと不見
守　従四位下藤原伊衡　正月任(異補任天慶元年条)右近衛権中将

延長六年
権守　従四位上橘公頼　正月廿九日任(補任)参議　六月九日兼任弾正大弼(補任)

延長七年
藤*原伊衡　正月廿九日任大和権守(補任承平四年条)
守　従四位下藤原実頼　正月廿九日任(補任承平元年条・大鏡裏書)右近衛権中将
権守　従四位上橘公頼　―見(補任)参議弾正大弼

国司補任　播磨国(延長四年～承平四年)

延長八年
藤*原実頼　九月廿五日補蔵人頭(補任承平元年条・職事補任)
権守　従四位上橘公頼　―見(補任)参議弾正大弼

承平元年
守　従四位下藤原実頼　三月十三日兼任参議(補任)右近衛権中将　十二月十七日任讃岐守(補任)
権守　従四位上橘公頼　十二月十七日任右兵衛督(補任)参議、元弾正大弼

承平二年

承平三年
権守　従四位下源兼明　正月十二日任(補任天慶七年条)

承平四年

承平五年
少掾　正六位上橘直幹　八月廿五日見（符宣抄第九）
承平六年
守　従四位下藤原敦忠　正月廿九日任（補任天慶二年条）左近衛権中将　正月任（歌仙伝）－任（歴代皇紀）
権介　従五位上藤原朝忠　正月廿九日任（補任天暦六年条）左近衛権少将　正月任（歌仙伝）
承平七年
天慶元年
守（権守カ）　源允明　三月廿九日見（醍醐寺雑事記・吏部王記）
天慶二年
守　従四位下藤原敦忠　正月七日叙従四位上、八月廿七日兼任参議（補任）左近衛権中将
介　島田惟幹　十二月廿六日見（紀略）
天慶三年
守　従三位　藤原当幹　三月廿五日任（補任）参議治部卿
天慶四年
守　従三位　藤原当幹　十一月四日薨（補任・世紀）参議治部卿
権介　正五位下藤原師尹　三月廿八日任（補任天慶八年条・大鏡裏書）左兵衛佐
藤原朝忠*　三月廿八日任丹波介（補任天暦六年条）
天慶五年
守　正四位下伴保平　十二月十三日任（補任）参議大蔵卿
権守　従四位上源允明　四月廿七日見（世紀・師光年中行事・年中行事秘抄・兵範記仁安四年四月三日条）西宮記*・吏部王記・江次第・鳩嶺雑日記・石清水五－三六三は播磨守に作る　七月五日卒（一代要記）
権介　正五位下藤原師尹　四月廿五日叙従四位下（世紀）右中

弁左兵衛佐　藤原師尹* 三月廿八日任右中弁（補任天慶八年条）

天慶六年

守　正四位下伴保平　―見（補任）参議大蔵卿　十二月廿四日見（日本紀竟宴和歌）

掾　安倍真能　二月廿七日遷権少外記（外記補任）
文章生

天慶七年

守　正四位下伴保平　―見（補任）参議大蔵卿

介　藤原成国　二月廿一日任（世紀天慶八年十月十五日条）

天慶八年

守　正四位下伴保平　―見（補任）参議大蔵卿

権守　従四位下藤原有雅　十月十五日任（世紀）右京大夫

介　従五位上藤原成国　七月十四日見（貞信公記抄）十月十五日停（世紀）

　藤原師尹* 三月廿八日任備前権守（補任）

天慶九年

守　正五位下藤原有相　閏七月十七日任（補任天暦九年条）右中弁　異*補任天徳三年条は七月任に作る　八月十三日見（別聚符宣抄）従四位下右中弁

　藤原有相* 十月廿八日叙従四位下（補任同上）

権掾　六位　（姓欠）相公　十月廿八日見（大嘗会御禊部類記）

天暦元年

参議*正四位下伴保平　五月十二日任播磨守（異補任天暦四年条）不審*

天暦二年

　藤原有相* 正月廿三日任内蔵頭（補任天暦九年条）

守　従四位上源自明　五月廿五日任（補任天徳二年条）右兵衛督　八月服解、十二月復任（補任同上）

国司補任　播磨国（天暦二年～天徳四年）

権大掾　　橘恒平　正月卅日任（補任永観元年条）
天暦三年
天暦四年
　　橘恒平*　正月七日叙爵（補任永観元年条）
天暦五年
権少掾　菅原輔正　正月卅日任（補任正暦三年条・中古歌仙）文章得業生　異*補任寛弘四年条は播磨少掾に作る
天暦六年
天暦七年
天暦八年
守　従四位下伴彦真　五月任、六月十四日任符請印（符宣抄第八）元美濃守
天暦九年
　　菅原輔正*　閏九月十三日任刑部少丞（中古歌仙）
天暦十年
天徳元年
権守　従四位上藤原有相　六月廿七日任（補任）参議左大弁
天徳二年
権守　従四位上藤原有相　正月七日叙正四位下（補任）参議左大弁
天徳三年
守　従四位上源重光　七月十七日任（補任康保元年条）左近衛中将
権守　正四位下藤原有相　五月九日卒（補任）参議左大弁
権守　従四位下藤原元輔　七月十七日任（補任天禄三年条）右近衛中将
天徳四年

応和元年

源*重光　七月三日任左京大夫（補任康保元年条）

掾　藤原雅材　七月七日見（西宮記臨時一）文章得業生、如故為蔵人

応和二年

介（権カ）少掾　桜島忠信　正月任（外記補任康保二年条）三*月任民部少録（外記補任同上）

権少掾　正六位上藤原雅材　四月廿五日見（符宣抄第九）文章得業生

応和三年

権守　従三位　源雅信　正月廿八日任（補任・大鏡裏書）参議治部卿

康保元年

権守　従三位　源雅信　—見（補任）参議治部卿

康保二年

権守　従三位　源雅信　—見（補任）参議治部卿

康保三年

権守　従三位　源雅信　—見（補任）参議治部卿

介　従五位上源惟正　正月廿七日任（補任天延二年条）

掾　藤原公方　十月七日見（扶桑・西宮記）

少掾　品治春実　—任（大成抄第二上）

康保四年

権守　従四位上源延光　正月廿日任（補任）参議右近衛権中将　異*補任は正月任播磨守に作る

権守　従三位　源重信　正月廿三日任（補任）参議修理大夫

不*審　源*惟正　九月一日任春宮大進（補任天延二年条）

大掾　従七位上高市忠利　五月任（大成抄第二上）

少掾　品治春実　五月停（大成抄第二上）

安和元年

守　従三位　源重信　正月廿日任（補任）参議修理大夫
十一月辞権《ママ》守（補任）

守　従三位　源雅信　十一月十四日任（補任・大鏡裏書）
参議、元左兵衛督　異*補任は正月十四日任に作る　十一月廿三日叙
正三位（補任・勘例）

権守　従四位上源延光　十一月任伊勢権守（補任）参議右近
衛中将

権守　正四位下源重光　十一月十四日任（補任）参議右兵衛
督、元宮内卿　十一月廿三日叙従三位（補任）

*源惟正　十一月廿七日叙正五位下（補任天延
二年条）　*主基国司

少掾　藤原清通　十一月辞（補任永延元年藤原安親条）

少掾　従五位上藤原安親　十一月十四日任（補任永延元年条）
十一月廿三日叙正五位下（補任同上）*主基国司

権少掾　藤原為時　十一月十七日任符請印（符宣抄第八）

安和二年

守　正三位　源雅信　十一月十一日遷左衛門督（大鏡裏書）
参議

権守　従三位　源重光　―見（補任）参議右兵衛督

介　正五位下源惟正　九月廿三日叙従四位下、十一月十
一日兼任春宮亮（補任天延二年条）

権少掾　従五位下菅野正統　正月廿七日任（外記補任）大外記
二月十四日見（要略巻二六）*魚魯は菅原に作る　二月廿八日見（符
宣抄第六）

権少掾　藤原忠輔　閏五月廿五日任（補任長徳二年条）
文章得業生

*藤原安親　十月十九日任相摸守（補任永延元年
条）

天禄元年

守　従四位上藤原守義　正月廿五日任（補任天禄三年条）

権守　従三位　源重光　―見（補任）参議右兵衛督

*源惟正　八月六日補蔵人頭（補任天延二年条）

権少掾　従五位下菅野正統　―見（外記補任）大外記

天禄二年

権少掾　従五位下菅野正統　三月廿日任民部少輔（外記補任）大

外記

天禄三年

守　従四位上藤原守義　十一月廿七日任参議（親信卿記）

*補任ィは元播磨権守とする　十一月兼任参議（勘例）

権大掾　藤原在国　正月廿四日任（補任正暦元年条）

*藤原忠輔　正月廿四日任兵部少丞（補任長徳二年条）

天延元年

守　従四位上藤原守義　―得替（勘例）参議

天延二年

天延三年

貞元元年

権守　従四位下藤原顕光　正月廿八日任（補任・大鏡裏書）参議

貞元二年

守　藤原季平　八月二日叙従三位（補任）

*藤原顕光　四月廿四日任権中納言（補任）

権守　従四位下源時中　十二月一日任（補任寛和二年条）右近衛中将

権介　菅野正統　正月任（大日本史）

*藤原在国　正月七日叙爵（補任正暦元年条）

天元元年

*源時中　十月十七日任内蔵頭、中将如元（補任寛和二年条）

権少掾　（姓欠）良明　―任（大成抄第二上・魚魯・魚魯別録・除目申文抄）

天元二年

少掾　正六位上播磨利明　春任（魚魯別録・除目申文抄）*魚魯は大掾に作る　―任（大成抄第二上）

少掾　正六位上伊豆俊郷　―任（大成抄第二下）*天徳四年内給小野雅忠不給任符秩満替

権少掾　（姓欠）良明　春停（魚魯・魚魯別録・除目申文抄）

国司補任　播磨国（天元二年～寛和二年）

―停（大成抄第二下）

天元三年

天元四年

守　従四位下藤原共政　二月廿日着任、六月三日見（符宣抄第八）

権守　従三位　藤原公季　十月十六日任（補任・大鏡裏書）左近衛中将　異*補任長元二年条は十月十七日任伊予権守に作る

権少掾　正六位上大中臣正忠秋任（大成抄第二上）元大和掾

*前守従四位上大蔵卿源泰清　六月三日見（符宣抄第八）

天元五年

権守　従三位　藤原公季　―見（補任）左近衛中将

永観元年

権守　従三位　藤原公季　十二月十六日任参議（補任）左近衛中将

永観二年

権守　従三位　藤原公季　二月一日任（補任・大鏡裏書）参議　十月卅日任侍従（補任）

寛和元年

権守　従三位　藤原公季　十月十五日任近江守（補任）参議侍従

権守　正三位　藤原為輔　正月廿八日任（補任）参議左大弁治部卿

介　藤原季孝　三月廿七日見（小右記）四月五日見（紀略）―見（播州書写山縁起・峯相記）*国司、刺史と見える

*前守藤原共政　七月十八日見（紀略）

*前掾惟文王　五月廿日見（紀略）

寛和二年

守　従三位　源伊陟　三月九日任（補任）参議　八月十三日任近江守（補任）

（守）　藤原茂利　七月見（播州書写山縁起・書写山円教寺旧記）*当州刺史と見える、或いは介か

権守　正三位　藤原為輔　―見（補任）参議左大弁治部卿　正*月廿八日任権中納言（補任）

権守　正四位下藤原懐忠　九月廿一日任（補任永祚元年条）右大弁　弁*官補任は任播磨守に作る

介　正五位下藤原斉信　八月廿三（十ィ）日任（補任長徳二年条）左近衛少将　十一月廿八日叙従四位下（補任同上）

介　藤原季孝　十一月四日見（書写山円教寺旧記）

前*介か

美作国

寛平元年

寛平二年

寛平三年

寛平四年

寛平五年

寛平六年

寛平七年

寛平八年

寛平九年

昌泰元年

昌泰二年

昌泰三年

延喜元年

守　和薬貞世　正月廿七日任（要略巻二二）左*降、元少納言

延喜二年

権大目　津守弥雄　正月十一日任（魚魯）

延喜三年
延喜四年
延喜五年
延喜六年
延喜七年
延喜八年
延喜九年
延喜十年
延喜十一年
延喜十二年
延喜十三年
延喜十四年
延喜十五年
介　従五位上藤原忠房　正月十二日任（古今目録）左近衛権少将　*正月廿一日叙正五位下（古今目録）
延喜十六年
*藤原忠房　八月廿九日任信濃権守（古今目録）
延喜十七年
延喜十八年
延喜十九年
延喜二十年
延喜二十一年
介　外従五位下御船有世　正月卅日任（外記補任）元大外記

延喜二十二年
延長元年
延長二年
延長三年
延長四年
介　従五位下笠治道　正月廿九日任（外記補任）元大外記
延長五年
延長六年
延長七年
延長八年
承平元年

承平二年
承平三年
承平四年
承平五年
承平六年
承平七年
天慶元年
天慶二年
掾　藤原公茂　閏七月二日見（世紀）
天慶三年
天慶四年

天慶五年

天慶六年

天慶七年

天慶八年

天慶九年

天暦元年

天暦二年

守　従四位下源重信　正月卅日任（補任天徳四年条・大鏡裏書）左馬頭

天暦三年

天暦四年

目　秦茂本　七月廿四日見（御産部類記）

天暦五年

権大掾　高階成忠　ー任（群載第一三嘉承二年正月廿八日藤原為兼申文）文章生

天暦六年

権守　従四位上源重信　正月十一日任（大鏡裏書）右近衛中将　＊補任天徳四年条は美濃権守に作る

天暦七年

天暦八年

天暦九年

天暦十年

天徳元年

天徳二年

介　小槻糸平　正月任（大成抄第五）筭博士

天徳三年

天徳四年

権守　従四位下藤原文範　正月廿四日任（補任康保四年条）左中弁内蔵頭

応和元年

権守　従四位下藤原文範　三月四日見（東大寺続要録・東大寺尊勝院院主次第）左中弁内蔵頭　五月十五日見（群載第七）　十月廿五日見（東大寺一―三六・東大寺寺務統譜）

*藤原文範　十二月二日叙従四位上（補任康保四年条）

応和二年

権守（守カ）　正四位下橘好古　十月任（補任）参議左大弁

権介　従五位上小槻糸平　三月廿一日見（応和四年甲子革令勘文）主計頭竿博士

応和三年

守　正四位下橘好古　―見（補任）参議左大弁

権守　従四位上藤原文範　六月廿九日見（平二七七）左中弁内蔵頭　閏十二月廿八日見（要略巻五一）

少目　中原致時　―任（地下家伝）明経得業生

康保元年

守　正四位下橘好古　七月廿九日兼任弾正大弼（補任）参議左大弁

権守　従四位上藤原文範　正月廿四日任（マヽ）（補任康保四年条）左中弁内蔵頭

康保二年

権守（守カ）　正四位下橘好古　―見（補任）参議左大弁弾正大弼

康保三年

*橘好古　九月十七日任権中納言（補任）

康保四年

国司補任　美作国（安和元年～天元四年）

安和元年
守　従四位上藤原元輔　六月十四日任（補任天禄三年条）左近衛中将　九*月廿三日補蔵人頭（補任同上）
安和二年
権守　従四位下佐兼王　九月廿三日見（天祚礼祀職掌録）
天禄元年
天禄二年
天禄三年
権守　従五位下平惟仲　正月廿四日任（補任正暦三年条）二*月十九日任筑後権守（補任同上）
権守　従四位下菅原輔正　閏二月廿九日任（補任正暦三年条・中古歌仙）右中弁文章博士東宮学士　四月廿六日辞兼国（異補任寛弘四年条）
介　従五位下藤原時光　正月廿四日任（補任貞元元年条）二*月十九日任甲斐守（補任同上）
介　紀文利　十二月廿五日見（親信卿記）
天延元年
天延二年
前*美作介藤原永頼　五月廿三日任尾張守（親信卿記）
天延三年
貞元元年
貞元二年
天元元年
天元二年
権守　正五位下藤原義懐　正月廿九日任（補任永観二年条）右近衛少将　七*月一日任春宮亮（補任同上）
権掾　正六位上東兼忠　―任（除目部類抄）
天元三年
天元四年

天元五年

藤原義懐* 正月卅日任備前権守（補任永観二年条）

永観元年

守 従四位上源時中 正月廿七日任（補任寛和二年条）右近衛中将内蔵頭

永観二年

守 正四位下藤原佐理 正月廿九日任（補任）参議勘解由長官 八月九日叙従三位（補任）*

権大目 従七位上酒部利永 ―任（大成抄第三下）

寛和元年

寛和二年

権守 従四位下藤原道兼 八月十三日任（補任・大鏡裏書）参議右近衛中将 十月十五日任権中納言（補任）*

備前国

寛平元年

権守 正四位下藤原諸葛 ―見（補任）参議右衛門督

権大目 酒井人真 二月廿八日任（古今目録）

寛平二年

権守 正四位下藤原諸葛 ―見（補任）参議

寛平三年

権守 正四位下藤原諸葛 ―見（補任）参議 三月十九日任中納言（補任）*

権守 従四位上源貞恒 正月卅日任（補任寛平五年条）右近衛中将 四月十一日任左兵衛督（補任同上）

寛平四年

権介 藤原玄上 正月廿三日任（補任延喜十九年条）蔵人木工助

寛平五年
権守　従四位上源貞恒　二月十六日兼任参議（補任）
介　正五位下藤原敏行　六月任（古今目録・歌仙伝）　左近衛少将
　*藤原玄上　正月廿一日叙爵（補任延喜十九年条）
少目　賀陽良藤　―見（扶桑寛平八年善家秘記）

寛平六年
　*藤原玄上　九月十三日任下総介（補任延喜十九年条）

寛平七年
守　従四位上藤原有穂　正月十一日任（補任）　参議中宮大夫
権守　正四位上源直　二月十一日任（補任）　参議右衛門督
権介　従五位下源悦　正月十一日任（補任延喜十九年条）

寛平八年
守　従四位上藤原有穂　―見（補任）　参議中宮大夫
権守　正四位上源直　正月七日叙従三位（補任）　参議右衛門督　*備中権守に作る
少目　賀陽良藤　―秩罷（扶桑寛平八年善家秘記）

寛平九年
守　従四位上藤原有穂　五月廿五日任治部卿（補任）　参議中宮大夫
権守　従三位　源直　五月廿五日任讃岐権守（補任）　参議右衛門督
介　正五位下藤原定国　正月廿一日任（補任昌泰二年条）　左近衛少将　*三月廿三日叙従四位下、七月五日補蔵人頭、七月十三日叙従四位上、九月任左近衛権中将（補任同上）

昌泰元年
　*藤原定国　正月十九日任近江権守（補任昌泰二年条）
権介　五位　藤原春仁　十月廿日見（紀家集）　十月廿一日見（扶桑・後撰集正義）　*備前介に作る
　*源悦　十一月廿一日叙従五位上（補任延喜十九年条）　*備前功

権少目　　伴常成　正月停(魚魯)
権少目　　道守嗣雄　正月任(魚魯)

昌泰二年

守　　従四位上在原友于　正月十一日任(補任昌泰三年条)左近衛中将　*三月廿八日補蔵人頭(補任同上)　三月四日見(菅家文草・文粋第五)修理大夫左近衛中将

掾　　橘良利　十月頃見(花鳥余情・大和物語・古今和歌集)　*大鏡は肥前掾に作る

昌泰三年

*在原友于　正月廿八日任参議(補任)

守　　従五位下藤原定方　二月廿五日任(補任延喜九年条)右近衛少将　五月十五日復任(補任同上)　五月十五日任(古今目録)

権守　正四位下藤原有穂　十二月五日任(補任)　参議治部卿

権掾　紀淑望　正月十一日任(古今目録)

延喜元年

権守　正四位下藤原有穂　―見(補任)　参議治部卿

国司補任　備前国(昌泰元年～延喜五年)

延喜二年

権守　正四位下藤原有穂　―見(補任)　参議治部卿　*正月廿六日任中納言(補任)

権守　従四位上藤原仲平　二月十二日任(古今目録)　蔵人頭右近衛中将中宮大夫

介　　従五位下藤原忠房　二月廿二日任(古今目録)　二月廿三日任(中古歌仙)　三月廿日見(河海抄)

*紀淑望　九月十五日任民部丞(古今目録)

延喜三年

延喜四年

守　　従四位下藤原菅根　正月廿五日任(補任延喜八年条)式部権大輔　*二月任春宮亮、二月廿六日任式部大輔(補任同上)

*藤原忠房　二月十日任左兵衛佐(古今目録)

延喜五年

守　　従四位下藤原菅根　八月見(延喜式序)　式部大輔春宮亮

権守　従四位上藤原忠平　正月十一日任(補任)　右大弁侍従

延喜六年

守　従四位上藤原菅根　閏十二月十七日見（日本紀竟宴和歌）
十*一月七日叙従四位上（補任延喜八年条）

守　従四位上藤原仲平　二月廿三日任（補任延喜八年条）蔵
人頭左近衛中将中宮大夫　異*補任天慶八年条は備前権守に作る

権守　従四位上藤原忠平　正月任（異補任天暦三年条）｜見
（補任）右大弁侍従　閏十二月十七日見（日本紀竟宴和歌）備*前守
に作る

延喜七年

守　従四位上藤原菅根　十一月十五日見（延喜格序）式部大
輔侍従春宮亮　二*月廿九日任侍従（補任延喜八年条）

権守　従四位上藤原忠平　｜見（補任）右大弁侍従

権介　従五位下橘公頼　正月十三日任（補任延長五年条）

延喜八年

藤*原菅根　正月十二日任参議（補任）

守　従四位下藤原定方　正月二《（十三ィ）》日任（補任延喜九年条）右近
衛権中将　正月十一日任（古今目録）

権守　従四位上藤原忠平　正月廿二日還任参議（補任）右大弁、
元侍従　二*月廿四日任春宮大夫、八月廿六日任左兵衛督、去弁、九
月一日補検非違使別当（補任）

介　正五位下良峯衆樹　二月廿三日任（補任延喜十七年条）
右近衛少将

延喜九年

藤*原定方　四月九日任参議（補任）

藤*原忠平　四月九日任権中納言（補任）

権守　正四位下藤原清経　四月廿二日任（補任）参議右衛門督

延喜十年

守　従四位下藤原定方　正月七日叙従四位上（補任）参議右
近衛中将

権守　正四位下藤原清経　｜見（補任）参議右衛門督

権守　正四位下藤原仲平　正月廿八日任（補任・古今目録）参
議左兵衛督

延喜十一年

守　従四位上藤原定方　―見（補任）　参議右近衛中将

権守　正四位下藤原仲平　―見（補任）　参議左兵衛督

権大掾　紀淑人　正月十三日任（古今目録）　蔵人

延喜十二年

守　従四位下良峯衆樹　正月十五日任（補任延喜十七年条）
右近衛権中将

権守　正四位下藤原仲平　―見（補任）　参議左兵衛督

権介　藤原公利　四月八日見（群載第一・平金石文四四）

*橘公頼　正月七日叙従五位上（補任延長五年条）　*備前功

延喜十三年

権守　正四位下藤原仲平　正月廿八日任（補任）　参議左兵衛督
*四月十五日任春宮大夫（補任）

*紀淑人　正月七日叙爵（古今目録）

延喜十四年

*良峯衆樹　正月十二日任近江権守（補任延喜十七年条）

延喜十五年

守　従四位下橘良殖　正月十二日任（補任延喜十九年条）

介　正五位下藤原兼茂　正月十二日任（補任延長元年条・古今目録）　左近衛少将

権介　従五位上藤原忠房　正月十二日任（中古歌仙）　左近衛少将　*古今目録は美作介とする

延喜十六年

*藤原忠房　八月十八日任信濃権守（中古歌仙）

延喜十七年

権守　従四位上藤原恒佐　正月廿九日任（補任）　参議右近衛中将

*藤原兼茂　正月廿九日任播磨権守（補任延長元年条）

介　藤原善行　三月六日見（河海抄）

掾　藤原在衡　六月廿日任（補任天慶四年条）　文章生　□月廿一日任（異補任天禄元年条）　元伊予掾　―任（群載第一七安和二年十月廿八日諷誦文）　元伊予掾　十一月廿三日見（符宣抄第九）

延喜十八年

権守　従四位上藤原恒佐　―見（補任）　参議左（右）近衛中将

延喜十九年

守　従四位下藤原兼輔　正月廿八日任（補任延喜廿一年条）　蔵人頭左近衛権中将　正月任（古今目録・歌仙伝）

*橘良殖　正月廿八日任参議

権守　従四位上藤原恒佐　―見（補任）　参議右近衛中将

権守　従四位下藤原後蔭　正月任（古今目録）

*藤原在衡　正月廿八日任少内記（補任天慶四年条）

延喜二十年

権守　従四位上藤原恒佐　―見（補任）　参議左（右）近衛中将

延喜二十一年

*藤原兼輔　正月卅日任参議（補任）

*藤原恒佐　正月卅日任右衛門督（補任）

介　従五位上藤原実頼　正月廿八日任（異補任天禄元年条）　正月卅日任（補任承平元年条）　右近衛権少将

延喜二十二年

守　従四位下藤原兼輔　正月七日叙従四位上（補任）　参議左近衛中将

*藤原実頼　正月卅日任近江介（補任承平元年条）

大目　正六位上依智秦氏範　―秩満（大成抄第六・魚魯）

延長元年

権守（守カ）　従四位上藤原邦基　正月十二日任（補任）　参議右大弁　五月四日見（別符宣抄）　*備前守と見える　十月廿五日任勘解由長官（補任）

権守　従四位下橘公頼　四月廿九日任（補任延長五年条）　左近衛中将

権守（権介カ）　従五位上源等　正月十二日任（補任天暦元年条）

異*補任天暦五年条は備前権介に作る　*二月廿八日叙正五位下、十月
任左中弁（補任同上）

延長二年
権守（守カ）　従四位上藤原邦基　—見（補任）参議右大弁勘解由長官
二月卅日見（東大寺一—二七・東大寺寺務統譜）*備前守と見える

延長三年
権守（マヽ）　従四位上藤原邦基　十月廿一日兼任春宮大夫（補任）参
議右大弁勘解由長官

延長四年
権守（マヽ）　従四位上藤原邦基　—見（補任）参議右大弁春宮大夫勘
解由長官
権守　正四位下源清蔭　正月廿九日任（補任）参議大蔵卿
*異補任天暦四年条は備前守に作る

延長五年
権守（マヽ）　従四位上藤原邦基　—見（補任）参議右大弁春宮大夫勘
解由長官
権守　正四位下源清蔭　—見（補任）参議大蔵卿

延長六年
権守　正四位下源清蔭　—見（補任）参議大蔵卿

延長七年
権守　正四位下源清蔭　—見（補任）参議大蔵卿

延長八年
守　従四位上平伊望　正月廿九日任（補任）参議中宮大夫
式部大輔
掾　甘南雅道　十月八日見（西宮記）

承平元年
守　従四位上平伊望　—見（補任）参議中宮大夫式部大輔

承平二年
守　従四位上平伊望　正月七日叙正四位下（補任）参議皇

国司補任　備前国（承平二年～天慶二年）

太后宮大夫式部大輔　*八月卅日任民部卿（補任）

承平三年

*平伊望　十月廿四日任伊予守（補任）

権守　従四位上藤原当幹　正月十三日任（補任）　参議治部卿

承平四年

権守　従四位上藤原当幹　正月七日叙正四位下（補任）　参議治部卿

承平五年

*前司藤原繁時　―見（要略巻五六）

*新司藤原興忠　―見（要略巻五六）

*藤原当幹　二月廿三日任近江権守（補任）

権介　従五位上小野好古　二月廿三日任（補任天暦元年条）　右衛門権佐　*異補任康保四年条は備前介に作る

*故備前守橘公統　八月廿五日見（符宣抄第九）　*延長七年七月卒（分脉）

承平六年

守　正四位下源清蔭　正月廿九日任（補任）　参議右衛門督

権守　従四位上紀淑光　正月廿九日任（補任）　参議右大弁

権介　従五位上小野好古　八月十日見（醍醐寺要書）　右衛門権佐中宮権亮

*小野好古　正月廿九日任中宮権亮（補任天暦元年条）

承平七年

守　正四位下源清蔭　正月七日叙従三位（補任）　参議右衛門督

権守　従四位上紀淑光　―見（補任）　参議右大弁

天慶元年

守　従三位　源清蔭　―見（補任）　参議右衛門督

権守　従四位上紀淑光　正月七日叙正四位下（補任）　参議右大弁

天慶二年

*源清蔭　十二月廿七日任権中納言（補任）

権守　正四位下紀淑光　八月叙従三位、任宮内卿（補任）参議右大弁　*九月十一日薨（補任）

介　藤原子高　閏七月五日任（貞信公記抄）*姓名欠く　十二月廿六日見（世紀・紀略・扶桑天慶三年十一月廿一日条・純友追討記）　十二月廿九日見（世紀）　―見（一代要記）

*小野好古　二月一日任近江権介（補任天暦元年条）

天慶三年

守　正四位下藤原忠文　正月任（異補任天暦元年条）参議修理大夫

権守　正四位下源高明　三月廿五日任（補任）参議、更任大蔵卿

天慶四年

守　正四位下藤原忠文　三月廿八日任（補任）参議征夷大将軍修理大夫右衛門督　*十二月十八日任民部卿、去督（補任）

権守　正四位下源高明　十二月十八日任右衛門督（補任）参議大蔵卿

天慶五年

守　従四位下大江維時　三月廿九日任（補任天暦四年条）大学頭文章博士

守（マヽ）　従四位下小野好古　十二月任（補任天暦元年条）

権守　正四位下源高明　―見（補任）参議右衛門督

権（マヽ）守　従五位下藤原清正　三月任（歌仙伝）

天慶六年

守　従四位下大江維時　十二月廿四日見（日本紀竟宴和歌）大学頭文章博士

権守　正四位下源高明　―見（補任）参議右衛門督　十二月廿四日見（日本紀竟宴和歌）

天慶七年

守　*大江維時　三月廿九日任式部大輔（補任天暦四年条）

*小野好古　二月廿一日任山城守（補任天暦元年

条）

天慶八年

権守　従四位下藤原師尹　三月廿八日任（補任・大鏡裏書）蔵人頭左近衛中将　十*一月廿五日任参議（補任）

天慶九年

守　従四位下藤原師尹　二月七日任（大鏡裏書・異補任安和二年条）参議　三月七日任（補任）　九月四日見（貞信公記抄）　姓*名を欠く　十一月十九日叙従四位上（補任）

参*議備前守源（名欠）　十二月十一日見（醍醐寺要書）　不*審

権守　正四位下藤原忠文　二月七日任（補任）　参議民部卿修理大夫

介　正五位下和気兼済　十二月十九日見（洞院家廿巻部類・洞院家記）

藤*原清正　七月任右兵衛権佐（歌仙伝）

天暦元年

守　従四位上藤原師尹　六月六日兼任左兵衛督（補任）参議

藤*原忠文　二月一日任紀伊権守（補任）

天暦二年

藤*原師尹　正月卅日任権中納言（補任）

天暦三年

介　従五位上藤原頼忠　正月廿四日任（補任応和三年条・大鏡裏書）右近衛少将

備*前守（介カ）和気兼済　十一月十九日功課（紀略）　叙*従四位下

天暦四年

備*前介従五位下藤原在衡　五月廿四日見（大鏡巻一）不*審、在衡はこの年従三位中納言

天暦五年

天暦六年

天暦七年
守　従四位上藤原朝忠　正月廿九日任（補任）参議　正月任（歌仙伝）

天暦八年
守　従四位上大江朝綱　三月十四日任（補任）参議　六月廿九日見（符宣抄第一〇）
藤原朝忠*　正月廿五日任大宰大弐（補任）
藤原頼忠*　正月十四日任伊予権介（補任応和三年条）

天暦九年
守　従四位上大江朝綱　閏九月十七日任美濃権守（補任）参議
権守　正四位下源兼忠　二月七日任（補任）参議

天暦十年
権守　正四位下源兼忠　三月廿四日兼任治部卿（補任）参議

国司補任　備前国（天暦七年～天徳四年）

天徳元年
権守　正四位下源兼忠　―見（補任）参議治部卿

天徳二年
権守　正四位下源兼忠　七月一日卒（補任）参議治部卿
藤原朝忠*　正月卅日任備前権守（異補任康保三年条）備中守か*
前掾藤原公方*　七月七日ヵ見（親信卿記天禄三年七月七日条）

天徳三年
守　従四位上橘好古　正月廿六日任（補任）参議右大弁

天徳四年
守　従四位上橘好古　四月廿三日兼任左大弁（補任）参議、元右大弁
掾　藤原公正　三月卅日見（内裡歌合）

国司補任　備前国（応和元年～天禄元年）

応和元年

守　従四位上橘好古　－見（補任）参議左大弁

応和二年

守　従四位上橘好古　正月七日叙正四位下（補任）参議左大弁　*十月任美作権守（補任）

史生　石野善根　十二月任（符宣抄第七康保元年九月十五日奏状）左近衛将曹

応和三年

康保元年

守　従四位上藤原頼忠　正月廿三日任（補任・大鏡裏書）参議右大弁

史生　正六位上石野善根　三月廿七日任左近衛権将監（符宣抄第七同年九月十五日奏状）元将曹　十二月四日備前史生如本（符宣抄第七）

康保二年

守　従四位上藤原頼忠　十二月四日兼任勘解由長官（補任）参議右大弁

康保三年

守　従四位上藤原頼忠　正月七日叙正四位下（補任）参議右大弁勘解由長官　九月十七日任左大弁、兼官如元（補任）

康保四年

守　正四位下藤原頼忠　－見（補任）参議左大弁勘解由長官

安和元年

*藤原頼忠　二月五日任中納言（補任）

安和二年

守　従四位上源忠清　正月廿七日任（補任天延元年条）*九月廿一日叙正四位上（補任同上）

天禄元年

*源忠清　正月廿八日任右近衛中将（補任天延元年条）

権守　正三位　源雅信　正月廿五日任（補任）参議左衛門督　*正月廿七日任権中納言（補任）

天禄二年

守　*源忠清　正月廿九日任尾張権守（補任天延元年条）

権守　従四位上源保光　正月廿九日任（補任）参議右大弁式部大輔　十二月十五日任左大弁（補任）

天禄三年

守　藤原遠量　十二月廿五日見（親信卿記）

権守　従四位上源保光　正月七日叙正四位下（補任）参議左大弁式部大輔　九月廿七日見（要略巻三〇）　*西宮記は天禄元年に作る　十一月十日見（分脈藤原伊尹伝）

掾　大江通理　正月三日見（天皇御元服諸例・御遊抄）蔵人

天延元年

権守　正四位下源保光　―見（補任）参議左大弁式部大輔

権守　従四位下源時中　三月廿日任（補任寛和二年条）右近衛少将　七月廿六日兼任右近衛中将（補任同上）

天延二年

守　正四位下源保光　二月十七日任（補任）参議左大弁式部大輔

権守　従四位下源時中　正月停（補任寛和二年条）右近衛中将

権守　（姓欠）隆景　十一月十一日見（親信卿記）

介　従五位上大蔵弼邦　二月七日任（外記補任）大外記主税権助

天延三年

守　正四位下源惟正　正月廿六日任（補任）参議修理大夫

介　従五位上大蔵弼邦　―見（外記補任）大外記主税権助

貞元元年

守　正四位下源惟正　正月廿六日辞（補任）参議修理大夫

守　従四位下藤原時光　正月廿八日任（補任）蔵人頭右近衛

権中将　十二月十一日任参議、止守中将（補任）
介　従五位上大蔵弼邦　―見（外記補任）大外記

貞元二年
守　正四位下藤原公季　正月廿八日任（補任天元四年条）左近衛中将　*大鏡裏書は備前介に作る
介　従五位上大蔵弼邦　正月五日見（符宣抄第七）三月廿六日叙正五位下（外記補任）大外記

天元元年
介　従五位下橘時望　三月被殺害（紀略三月某日条）
権介　正六位上橘忠職　秋任（大成抄第一下）

天元二年

天元三年

天元四年
　*藤原公季　正月七日叙従三位（補任）
掾　正六位上大江利雅　―任（魚魯）

天元五年
守　藤原理兼　四月廿七日見（小右記）
権守　正五位下藤原義懐　正月卅日任（補任永観二年条）春宮亮

永観元年

永観二年
介　従五位上藤原道綱　二月一日任（異補任寛仁四年条）二月二日任（補任永延元年条）左近衛少将
権大目　従七位上海忠明　―任（大成抄第三下）左史生

寛和元年

寛和二年
守　藤原理兼　三月四日見、四月廿八日見（世紀）十一月廿日見（群載第七）*前司か
　*前守藤原理兼　二月廿六日見（紀略）

備中国

寛平元年
権守　正四位下源光　正月十六日任（補任）参議左兵衛督
*前権介弓削秋佐　十月廿一日見（三代格）

寛平二年
権守　正四位下源光　―見（補任）参議左兵衛督

寛平三年
*源光　三月十九日任中納言（補任）

寛平四年

寛平五年
守　従四位下源湛　正月十一日任（補任）蔵人頭左近衛
権中将　二月十六日兼任参議（補任）
介　従五位下三善清行　正月十一日任（補任延喜十七年条）
―任（要略巻七〇・扶桑寛平八年善家秘記・文粋第二・意見十二箇
条）
*備中掾従六位上三統理平　この頃見（三実序）

寛平六年

寛平七年
権掾　三統理平　正月廿二日見（紀略）

寛平八年
介　三善清行　正月ヵ見（北山抄）　―秩満（扶桑）
権掾　三統理平　正月廿六日任少外記（外記補任）元
少内記

寛平九年
守　従四位上藤原清経　正月十一日任（補任昌泰三年条）右
近衛権中将　*五月廿五日任太皇太后宮大夫、十二月十三日任右兵衛
督（補任同上）
権守　従三位　源直　七月十三日見（天祚礼祀職掌録）参
議

*補任は讃岐権守に作る

昌泰元年
権掾　従七位下橘春常　―任（大成抄第二上）元下野掾
昌泰二年
守　従三位　藤原有実　―見（補任）参議左衛門督
昌泰三年
守　従三位　藤原有実　―見（補任）参議左衛門督
権介　従五位上藤原菅根　正月任（補任延喜八年条・古今目録）
式部少輔文章博士　*正月廿九日補蔵人頭　五月十五日兼任右近衛少将（補任同上）　十月十日見（菅家後草）式部少輔文章博士
延喜元年
守　従四位上在原友于　二月十九日任（補任）参議左兵衛督
修理大夫
*藤原菅根　正月廿六日任大宰大（少）弐（補任延喜八年条）

延喜二年
守　従四位上在原友于　―見（補任）参議左兵衛督修理大夫
延喜三年
守　従四位上在原友于　―見（補任）参議左兵衛督修理大夫
掾　従七位上弓削時実　―任（大成抄第四・魚魯）
延喜四年
延喜五年
権守　従四位下三善清行　八月見（延喜式序）文章博士
介　藤原公利　三月廿七日見（西宮記）
延喜六年
守（権守）　従四位下三善清行　閏十二月十七日見（日本紀竟宴和歌）
文章博士
権介　従五位上惟宗具範　閏十二月十七日見（日本紀竟宴和歌）
博士

延喜七年
権守　従四位下三善清行　十一月十五日見(延喜格序)文章博
士
延喜八年
延喜九年
延喜十年
延喜十一年
介　藤原公利　―秩満(文粋第二・意見十二箇条)
*扶桑延喜十四年四月廿八日条は藤原公則に作る
延喜十二年
延喜十三年
権掾　山背当氏　―任(大成抄第一上)
延喜十四年
国司補任　備中国(延喜七年〜同二十二年)

延喜十五年
延喜十六年
延喜十七年
延喜十八年
延喜十九年
延喜二十年
権介　従五位下藤原実頼　九月廿一日任(補任承平元年条)右
近衛権少将　*異補任天禄元年条は九月廿二日任備中権守に作る　九
月廿三日任(大鏡裏書)
延喜二十一年
権守　従五位下源兼忠　正月卅日任(補任天暦八年条)
*藤原実頼　正月卅日任備前介(補任承平元年条)
延喜二十二年

延長元年

延長二年

延長三年

延長四年

延長五年

延長六年

延長七年

介　従五位上平随時　正月廿九日任（補任天暦二年条）

延長八年

越中守葛井清明*　六月廿日任符請印（符宣抄第八）元備中介

承平元年

承平二年

承平三年

承平四年

平随時*　閏正月廿九日任美濃権守（補任天暦二年条）

承平五年

承平六年

権守　篤望王　十二月十六日見（九条殿記）

承平七年

天慶元年

権介　従五位下内蔵惟直　三月廿八日任（外記補任）元大外記

天慶二年

天慶三年

天慶四年

天慶五年

守　従四位下藤原在衡　十二月十三日任（補任）参議左大弁
式部大輔　十二月十七日任（異補任天禄元年条）

天慶六年

守　従四位下藤原在衡　正月七日叙従四位上（補任）参議左
大弁式部大輔　十二月廿四日見（日本紀竟宴和歌）

権守　従四位下藤原俊房　十二月廿四日見（日本紀竟宴和歌）

天慶七年

*藤原在衡　二月廿一日任丹波権守（補任）

天慶八年

介　和気兼済　五月十六日見、五月廿六日任符請印
（符宣抄第八）元越前守

天慶九年

権介　従五位上藤原朝成　七月十七日任（補任天徳二年条）左
近衛少将　*十一月十九日叙正五位下（補任同上）　*主基

天暦元年

天暦二年

権介　正五位下三統公忠　正月卅日任（外記補任）大外記　六
月廿二日見（符宣抄第一〇）　八月廿七日見（符宣抄第九）

天暦三年

権介　正五位下三統公忠　―卒（外記補任）大外記　*備後権介
に作る

天暦四年

天暦五年

天暦六年

天暦七年

天暦八年

天暦九年

権守　従四位上小野好古　閏九月十七日任（補任）参議

天暦十年

権守　従四位上小野好古　―見（補任）参議

介　従五位下源惟正　九月八日任（補任天延二年条）

天徳元年

権守　従四位上小野好古　―見（補任）参議

天徳二年

守　正四位下藤原朝忠　正月卅日任（補任）参議右衛門督検非違使別当

権守　従四位上小野好古　正月七日叙正四位下（補任）参議　*閏七月廿八日任弾正大弼（補任）

権大掾　弓削仲宣　正月卅日任（外記補任天禄元年条）

天徳三年

守　正四位下藤原朝忠　―見（補任）参議右衛門督検非違使別当　正月任（歌仙伝）

権守　従四位上藤原朝成　正月廿六日任（補任）参議　七月十七日任勘解由長官（補任）

天徳四年

*藤原朝忠　正月廿四日任伊予守（補任）

守　正四位下小野好古　正月廿四日任（補任）参議左大弁弾正大弼　*四月廿三日任大宰大弐（補任）

権守　従四位上藤原朝成　―見（補任）参議勘解由長官　*八月九日任近江守（補任）

応和元年

守　従四位上源重信　正月廿五日任（補任）参議修理大夫　*十二月六日叙正四位下（補任）

権守　従四位上源延光　正月廿五日任（補任康保三年条）蔵

人頭右近衛権中将　閏三月廿三日見（石清水二―六四）左近衛権中
将春宮権亮
源*惟正　正月七日叙従五位上（補任天延二年
条）備*中功
応和二年
源*重信　正月廿二日任近江権守（補任）
守　従四位上藤原伊尹　正月廿二日任（補任・大鏡裏書）参
議左近衛権中将　五月四日見（叡岳要記・門葉記）
介　藤原雅材　二月廿日見（西宮記第六佐忠私記）
応*和四年か
応和三年
守　従四位上藤原伊尹　―見（補任）参議左近衛権中将
源*延光　九月四日任伊予権守（補任康保三年
条）
康保元年
守　従四位上藤原伊尹　―見（補任）参議左近衛権中将
国司補任　備中国（応和元年～康保三年）

権守　従四位上源重光　正月廿七日任（補任）左京大夫　三*
月廿七日任参議、七月廿九日任備中権守宮内卿（補任）
権守　従四位上藤原元輔　三月廿七日任（補任天禄三年条）右
近衛中将
権大目　美努真香　八月廿八日見（符宣抄第一〇）
康保二年
守　従四位上藤原伊尹　正月七日叙正四位下（補任）参議左
近衛権中将
権介　従五位上藤原懐忠　正月廿五日任（補任永祚元年条）左
近衛少将　□月卅日任（異補任寛弘六年条）
康保三年
介　藤原雅材　二月廿二日見（北山抄）
藤原*懐忠　九月十七日任伊予権介（補任永祚元
年条）
藤原*助信　五月十六日卒（代々御集）歴任備
中守

康保四年

安和元年

安和二年

天禄元年

*左大臣藤原在衡　十月十日薨（補任）*鞍馬蓋寺縁起に母備中掾良岑高見の女と見える

天禄二年

守　従四位上藤原為光　正月廿九日任（補任）参議左近衛中将

権介　従五位下藤原朝光　正月廿九日任（補任天延二年条）右近衛少将

天禄三年

守　従四位上藤原為光　―見（補任）参議左近衛中将　九月廿七日見（要略巻三〇）*西宮記は天禄元年に作る

天延元年

守　従四位上藤原為光　―見（補任）参議左近衛中将　*正月廿八日任権中納言（補任）

守　従四位下藤原懐忠　三月廿日任（異補任寛弘六年条）左近衛権中将

*藤原朝光　三月廿日任近江権介（補任天延二年条）

天延二年

守　従四位下藤原懐忠　正月廿八日任（補任永祚元年条）右近衛中将　*十月十七日任権左中弁（補任同上）

天延三年

貞元元年

貞元二年

守　従四位上藤原懐忠　正月廿八日任（異補任寛弘六年条）右近衛権中将

権守　従四位下藤原道隆　正月任（補任永観二年条・大鏡裏書）

元左近衛少将

天元元年
　藤原道隆* 十月十七日任右近衛中将（補任永観二年条）

天元二年
権守　従四位下藤原道隆　正月廿九日任（補任永観二年条・大鏡裏書）右近衛中将

天元三年
　藤原懐忠* 七月一日任大和権守（異補任寛弘六年条）
権少目　従六位上辛人公直　―任（大成抄第四）

天元四年

天元五年
介　橘輔政　三月五日見（小右記）

永観元年
権守　正四位下源伊陟　正月廿七日任（補任）参議　十*一月十一日任近江権守（補任）
権大目　正六位上依智秦則吉　―任（大成抄第四）

永観二年
掾　正六位上藤原文説　―更任（大成抄第二上）
権掾　在原季信　―任（大成抄第一上）
権掾　正六位上紀傳相　―任（除目部類抄）

寛和元年
権守　従三位　源忠清　正月廿八日任（補任）参議右衛門督　十二月廿四日任皇太后宮権大夫（補任）

寛和二年
権守　従三位　源忠清　十一月十日叙正三位（補任）参議右衛門督　十二月任太皇太后宮権大夫（補任）
介　従五位上賀茂光□（栄ヵ）　十一月一日見（九条家本延喜式裏暦）
暦博士

備後国

寛平元年
守　藤原氏助　十二月二日見（扶桑）
権守　正四位上藤原有実　—見（補任）参議左近衛中将　備*前
権守に作る
前*掾物部安興　九月九日見（紀略）

寛平二年

寛平三年

寛平四年

寛平五年

寛平六年
権介　家原高郷　—任（群載第二二寛治二年十二月廿五日三善為長奏状）竿博士

寛平七年

寛平八年

寛平九年
権守　正五位下藤原忠平　二月十四日任（補任昌泰三年条）侍
従　異*補任天暦三年条は二月任肥後権守に作る

昌泰元年
権守　正五位下藤原忠平　正月廿九日任（補任昌泰三年条）侍
従　十*一月廿二日叙従四位下（補任同上）
権守　正四位下十世王　—見（補任）参議宮内卿
権少目　国覔吉宗　二月廿三日任（魚魯）

昌泰二年
権守　正四位下十世王　—見（補任）参議宮内卿

昌泰三年
権守　正四位下十世王　—見（補任）参議宮内卿

延喜元年
権守　正四位下十世王　―見（補任）参議宮内卿
延喜二年
延喜三年
掾　布施千春　―任（大成抄第一上）
権掾　紀房法　―任（大成抄第一上）
延喜四年
延喜五年
延喜六年
延喜七年
権介　外従五位下惟宗善経十一月十五日見（延喜格序）大判事
明法博士

延喜八年
権掾　小貞生　―任（魚魯・魚魯別録）
延喜九年
延喜十年
延喜十一年
延喜十二年
延喜十三年
延喜十四年
延喜十五年
延喜十六年
延喜十七年

延喜十八年

延喜十九年

延喜二十年

延喜二十一年

延喜二十二年

延長元年

守　従五位下橘惟風　四月八日任符請印（符宣抄第八）元宮内少輔

延長二年

延長三年

権介　従五位下時原興宗　二月一日見（符宣抄第九）侍医医博士

延長四年

延長五年

守　従五位下藤原元名　正月十二日任（補任天徳二年条）

*三月廿六日叙従五位上（補任同上）

延長六年

延長七年

延長八年

承平元年

介　従五位下大江維時　三月十二日任（補任天暦四年条）文章博士

承平二年

*藤原元名　正月廿七日任伊予守（補任天徳二年条）

承平三年

*大江維時　十月廿四日任紀伊権介（補任天暦四

年条）

承平四年

承平五年

権介　従五位上菅野清方　二月廿三日任（外記補任）大外記主計頭　七月十四日見（符宣抄第六）

承平六年

権介　従五位上菅野清方　―見（外記補任）大外記主計頭

承平七年

権守　菅野在躬　二月廿九日見（符宣抄第九・桂林遺芳抄）

権介　従五位上菅野清方　―見（外記補任）大外記主計頭

天慶元年

権介　従五位上菅野清方　―見（外記補任）大外記主計頭

天慶二年

国司補任　備後国（承平三年～天慶九年）

権介　従五位上菅野清方　二月一日任木工権頭（外記補任）大外記主計頭

大中臣頼基*　四月任祭主（二所太神宮例文・祭主補任集）備後掾輔道の子　*類聚大補任は備後守輔道に作る

天慶三年

天慶四年

天慶五年

天慶六年

天慶七年

権守　藤原清正　閏十二月二日見（九条殿記）

天慶八年

天慶九年

権守　正五位下菅原在躬　二月廿一日見（符宣抄第九）三月十三日見（別符宣抄）九月十五日見（符宣抄第九）左少弁文章博士

天暦元年
守　従五位下源信明　二月任（歌仙伝）
介　従五位上宮道忠来　五月四日見（符宣抄第九）医博士
天暦二年
　源信明*　正月十四日叙従五位上、十二月十五日復任（歌仙伝）
天暦三年
権守　従四位下藤原朝成　正月廿四日任（補任天徳二年条）左近衛少将
天暦四年
天暦五年
天暦六年
天暦七年
天暦八年
　藤原朝成*　三月十四日任紀伊権守（補任天徳二年条）
天暦九年
天暦十年
天徳元年
天徳二年
天徳三年
守　藤原致忠　二月六日任符請印（符宣抄第八）
天徳四年
応和元年
介　従五位上藤原高光　正月廿五日任（高光集）右近衛少将正月任、｜出家（歌仙伝）　備*後権介に作る

応和二年

応和三年

介　従五位上御船傳説　正月廿八日任(外記補任)大外記主税権助、元周防介　二月十三日見(符宣抄第一〇)　三月廿五日見(符宣抄第八)　閏十二月廿六日見(符宣抄第九)

権介　菅野正統　二月十三日見(符宣抄第一〇)

康保元年

介　従五位上御船傳説　―見(外記補任)大外記主税権助　二月廿五日見(符宣抄第九)　三月五日見(符宣抄第七)　八月廿八日見(符宣抄第一〇)

康保二年

介　従五位上御船傳説　―見(外記補任)大外記主税権助　正月廿九日見(大成抄第一上)　備後権介と見える*　七月廿二日見(符宣抄第六)　八月五日見(符宣抄第九)　八月七日見(狩野亨吉蒐集文書)　十月廿一日見(符宣抄第九)

康保三年

介　従五位上御船傳説　―見(外記補任)大外記主税権助

康保四年

介　従五位上御船傳説　―見(外記補任)大外記主税権助

権介　従五位下菅野正統　五月十五日任大外記(外記補任)

安和元年

権守　従四位上藤原文範　正月十三日任(補任)参議右大弁大蔵卿　二月五日任左大弁(補任)　十一月三日見(魚魯)　備後守に作る*

権介　従五位下源時中　正月十三日任(補任寛和二年条)左近衛少将

安和二年

権守　従四位上藤原文範　二月十四日見(要略巻二六)　参議左大弁大蔵卿　九月廿三日叙正四位下(補任)

天禄元年

権守　正四位下藤原文範　正月廿八日兼任民部卿(補任)　参議

左大弁

天禄二年

権守　正四位下藤原文範　－見（補任）参議左大弁民部卿　十*二月十五日任権中納言（補任）

天禄三年

天延元年

*源時中　三月廿日任備前権守（補任寛和二年条）

天延二年

天延三年

権守　従四位下源時中　正月廿六日任（補任寛和二年条）右近衛中将

貞元元年

権介　正五位下藤原道隆　正月廿八日任（補任永観二年条・大鏡裏書）左近衛少将

貞元二年

*源時中　十二月一日任播磨権守（補任寛和二年条）

*藤原道隆　正月任備中権守（補任永観二年条）

*備後目三戸元頼　貞元中停（魚魯）

*布師時基　貞元中任備後目（魚魯）

天元元年

権守　従四位下源伊陟　二月三日任（補任）参議

天元二年

権守　従四位下源伊陟　－見（補任）参議

天元三年

権守　従四位下源伊陟　正月七日叙従四位上（補任）参議

天元四年

守　藤原棟利　―見（慈恵大僧正拾遺伝）

権守　従四位上源伊陟　十二月四日叙正四位下（補任）参議

天元五年

守　源通理　六月十七日見（小右記）

権守　正四位下藤原懐忠　正月卅日任（補任永祚元年条）左中弁　五月廿八日見（平三二〇）兼*忠と見える

介　従四位上藤原実資　正月任（補任永祚元年条）蔵人頭右近衛少将　三*月十一日任中宮亮（補任同上）

介　従五位上藤原実方　正月卅日任（中古歌仙）右兵衛権佐

永観元年

権守　正四位下藤原懐忠　正月廿三日見（除目申文之抄）十二月十七日見（符宣抄第一）左中弁

永観二年

権守　正四位下藤原懐忠　三月七日見（東大寺一―二二七）左中弁

藤*原実資　二月一日任美濃権守（補任永祚元年条）

介　従五位上源俊賢　八月十八日任（補任長徳元年条）十*月卅日任左兵衛権佐（補任同上）

権大目　従七位上物部雅種　―任（大成抄第三下）

寛和元年

藤*原実方　正月廿八日任播磨権介（中古歌仙）

寛和二年

藤*原懐忠　九月廿一日任播磨権守（補任永祚元年条）

安芸国

寛平元年

寛平二年

寛平三年

介　従五位下在原棟梁　四月十一日任（古今目録・中古歌仙）左兵衛佐

寛平四年

寛平五年

寛平六年

寛平七年

寛平八年

*在原棟梁　正月廿六日任左衛門佐（古今目録・中古歌仙）

寛平九年

昌泰元年

権少目　正七位下建部大宗　―任（大成抄第四）

昌泰二年

守　伴忠行　正月十一日任（大伴神主家譜）

昌泰三年

延喜元年

延喜二年

延喜三年

延喜四年

守　伴忠行　三月二日被射殺（紀略・扶桑裏書三月四日条）

延喜五年

延喜六年

延喜七年

延喜八年

延喜九年

延喜十年
延喜十一年
延喜十二年
権守　従五位下ヵ高階惟朋正月十一日任（紀家集裏文書）
延喜十三年
守　　　高橋良成　二月廿三日見（紀略）　犯*罪人
延喜十四年
*安芸守藤原時善、同高橋良成この年以前見（意見十二箇条）
延喜十五年
延喜十六年
延喜十七年
国司補任　安芸国（延喜十年～延長五年）

延喜十八年
*権守従五位下高階惟朋　この年以前得替（紀家集裏文書）
延喜十九年
延喜二十年
延喜二十一年
延喜二十二年
延長元年
延長二年
延長三年
延長四年
延長五年

国司補任　安芸国（延長六年～天慶五年）

延長六年

延長七年

延長八年

承平元年

守　従五位上カ高階惟明　—見（要略巻五七天慶二年閏七月五日官符）

承平二年

守　高階惟明　—見（要略巻五七）

承平三年

守　高階惟明　—見（要略巻五七）

承平四年

守　高階惟明　—見（要略巻五七）

承平五年

守　高階惟明　—見（要略巻五七）

承平六年

前司橘惟風*　—見（要略巻五五）

新司高階惟明*　—見（要略巻五五）

承平七年

天慶元年

天慶二年

守　従五位上葛井清明　閏七月五日見（要略巻五七）

前守従五位上高階惟明*　閏七月五日見（要略巻五七）

天慶三年

天慶四年

天慶五年

天慶六年

天慶七年

天慶八年

天慶九年

天暦元年

介　藤原用忠　十二月廿六日見（貞信公記抄）

天暦二年

介　藤原用忠　正月一日見（貞信公記抄）

天暦三年

天暦四年

天暦五年

天暦六年

天暦七年

天暦八年

天暦九年

天暦十年

天徳元年

天徳二年

守　従五位上三善是風　八月十三日見（群載第一六・天台霞標五編）

権守　従五位下（名欠）王　八月十三日見（群載第一六・天台霞標五編）

掾　坂上（名欠）八月十三日見（群載第一六・天台霞標五編）

権掾　三善春範　八月十三日見（群載第一六・天台霞標五編）

国司補任　安芸国（天徳二年～天禄三年）

大目　　勝（名欠）　八月十三日見（群載第一六・天台霞標五編）

天徳三年

天徳四年

応和元年

応和二年

（守）　従五位下小野傳説　正月廿六日任（外記補任）元大外記

＊宿官の介乃至権介の可能性あり

応和三年

康保元年　　小野傳説*　正月廿四日任安房守（外記補任応和二年条尻付）

介　　従五位下時原長列　五月廿八日見（応和四年甲子革令勘文）直講

康保二年

康保三年

康保四年

守（権守カ）三善道統　―任カ（文粋第六）

権介　　外従五位下雀部有方　十月廿八日任（外記補任）元大外記

安和元年

安和二年

権守　　三善道統　三月十三日見（粟田左府尚歯会詩）

＊月日は紀略による

天禄元年

権守　　従五位下藤原為頼　十二月十六日任（為頼集）

天禄二年

天禄三年

天延元年

守　源蕃平　五月廿日見（親信卿記・紀略）

天延二年

天延三年

貞元元年

貞元二年

守　源真正　八月十六日見（三条左大臣殿前栽合）

天元元年

天元二年

天元三年

権介　従五位下巨勢舒節　七月廿九日任（外記補任）元大外記

*従五位上三善道統　正月廿日望弁官等（文粋第六）身労

廿二年の内安芸守三年　*康保四年任安芸権守か

天元四年

天元五年

権守　従五位下源扶義　正月卅日任（補任正暦五年条）*任

安芸守か

永観元年

権守　従五位下源扶義　二月廿六日遷河内守（補任正暦五年

条）

（守ヵ）　（姓欠）祐忠　二月廿六日任（補任正暦五年源扶義

条）元河内守

永観二年

介　正六位上佐伯公方　－任（大成抄第一下）

権介　従五位下菅野忠輔　二月一日任（外記補任）大外記　*八

（マヽ）月任長門権守（外記補任）

権掾　正六位上播磨豊房　秋任（大成抄第一下）

寛和元年
権守　従五位下菅野忠輔　九月任長門守（外記補任）大外記
寛和二年
権守　従五位上菅野忠輔　七月廿三日任（外記補任）元大外記
*七月廿二日叙従五位上（外記補任）

周防国

寛平元年
寛平二年
寛平三年
守　従五位下小野滋蔭　正月卅日任（古今目録）
寛平四年
掾　藤原忠房　正月廿三日任（中古歌仙）
寛平五年
*小野滋蔭　三月十五日任信濃介（古今目録）

寛平六年
*藤原忠房　四月廿九日任播磨権少掾（中古歌仙）
寛平七年
権介　平時望　二月十七日任（補任延長八年条）
寛平八年
寛平九年
*平時望　七月十三日叙爵（補任延長八年条）
昌泰元年
守　従五位下多治宗範　正月任（外記補任寛平九年条尻付）
守　従五位下多治有友　正月廿九日任（外記補任）元大外記
掾　正六位上藤原包生　―任（魚魯）
少目　正八位上時原正行　―任（魚魯）
少目　従八位上大宅常良　―任（大成抄第四・魚魯）
昌泰二年

昌泰三年
権介　従五位下三統理平　閏十二月十七日見（日本紀竟宴和歌・釈日本紀）大内記
延喜元年
延喜二年
権守　従五位下橘公頼　九月十五日任（補任延長五年条）
権大目　秦永吉　正月十一日停（魚魯）
延喜三年
延喜四年
大目　秦利貞　―任（魚魯）
延喜五年
介（権介）　従五位下三統理平　八月見（延喜式序）大内記
延喜六年
橘公頼*　九月十七日任大宰少弐（補任延長五年条）
延喜七年
権守　従四位下源当時　正月十三日任（補任延喜十一年条）
左中弁木工頭　十二月十三日見（早稲田大学所蔵文書）
権介　従五位下三統理平　十一月十五日見（延喜格序）大内記
延喜八年
源当時*　正月十二日任右兵衛督（補任延喜十一年条）
権介　従五位下三統理平　八月十四日見（文粋第三）大内記
延喜九年
延喜十年
延喜十一年
延喜十二年

延喜十三年

延喜十四年

延喜十五年

権守　従五位下藤原顕忠　正月十二日任（補任承平七年条・大鏡裏書）

延喜十六年

延喜十七年

延喜十八年

延喜十九年

藤原顕忠*　正月廿八日任右衛門佐（補任承平七年条）

介　大蔵良実　―任（群載第二二寛治二年十二月廿五日三善為長申文）竿博士

延喜二十年

常陸介橘実範*　元周防守鋳銭長官　三月廿八日任符請印（符宣抄第八）

延喜二十一年

延喜二十二年

延長元年

延長二年

延長三年

延長四年

延長五年

延長六年

守　藤原遂忠　六月卒（分脉）

延長七年

介　*菅野清方　正月任（外記補任承平四年条）

延長八年

承平元年

承平二年

*菅野清方　八月任主計頭（外記補任承平四年条）

承平三年

承平四年

承平五年

承平六年

*信濃守高階師尚　二月廿七日任符請印（符宣抄第八）

元周防守

承平七年

天慶元年

天慶二年

天慶三年

天慶四年

天慶五年

天慶六年

天慶七年

天慶八年

天慶九年

権守　従五位下藤原兼通　二月七日任（大鏡裏書・摂関伝）二月廿日任（補任安和二年条）*九月十六日任侍従（補任同上）

天暦元年

天暦二年

天暦三年

天暦四年

天暦五年

天暦六年

天暦七年

天暦八年

権掾　正六位上佐伯安秀　―任（大成抄第一上・魚魯）

天暦九年

天暦十年

天徳元年

天徳二年

介　従五位下御船傳説　正月任（外記補任）大外記　十一月廿一日見（符宣抄第四）

天徳三年

介　従五位下御船傳説　正月廿八日見、二月六日見、二月十七日見（符宣抄第八）　四月十三日見、七月二日見（符宣抄第六）　大外記　九月五日兼任主税権助（外記補任）

*前介正六位上周防正遠―見（群載第二六）

天徳四年

介　従五位下御船傳説　―見（外記補任）大外記主税権助

応和元年

守　藤原雅正　（十一月十六日カ）十月六日見（江次第）　*これ以前頓死

介　従五位下御船傳説　―見（外記補任）大外記主税権助　八月五日見（符宣抄第七・群載第八）

応和二年
介　従五位下御船傳説　―見（外記補任）大外記主税権助
正月十九日見（符宣抄第四）
応和三年
介　従五位下御船傳説　正月廿八日任備後介（外記補任）大
外記主税権助
康保元年
康保二年
康保三年
康保四年
安和元年
安和二年
天禄元年
天禄二年
天禄三年
天延元年
周防守清元扶*　この年以降見（薬師寺縁起）清*原
元輔か
天延二年
守　従五位下清原元輔　正月任（歌仙伝）二月廿五日見（親
信卿記）八月兼任鋳銭長官（歌仙伝）
天延三年
貞元元年
権守　従四位下源伊陟　正月廿八日任（補任貞元二年条）蔵
人頭左兵衛督

貞元二年

源伊陟*　四月廿四日任参議（補任）

権守　従四位上菅原輔正　十二月九日任（異補任寛弘四年条）十二月十日任（補任正暦三年条・中古歌仙）権左中弁文章博士東宮学士

天元元年

菅原輔正*　十月十七日任左中弁（補任正暦三年条）

天元二年

権守　従四位上菅原輔正　十二月廿五日見（東大寺一―一八八）左中弁文章博士東宮学士

天元三年

天元四年

守　藤原義雅　十二月廿七日任（小右記天元五年二月廿五日条）

菅原輔正*　正月廿九日任大宰大弐（補任正暦三年条・中古歌仙）

天元五年

守　藤原義雅　二月廿五日見（小右記）

権守　従四位上藤原時光　正月卅日任（補任）参議左兵衛督

永観元年

権守　従四位上藤原時光　―見（補任）参議左兵衛督

永観二年

権守　従四位上藤原時光　十月（十）一日叙正四位下（補任）参議左兵衛督

寛和元年

権守　正四位下藤原時光　―見（補任）参議左兵衛督

前守藤原中清*　十一月十五日見（小右記）

寛和二年

長門国

寛平元年

寛平二年

寛平三年

寛平四年

寛平五年

寛平六年

寛平七年

寛平八年

寛平九年

昌泰元年

昌泰二年

昌泰三年

延喜元年

権掾　良岑貞成　正月廿七日任（要略巻二二）　左降*

延喜二年

延喜三年

延喜四年

延喜五年

延喜六年

延喜七年

延喜八年
延喜九年
延喜十年
延喜十一年
延喜十二年
延喜十三年
延喜十四年
延喜十五年
延喜十六年
守　従五位下橘長盛　―任（古今目録）　廿*六年任に作る
延喜十七年
延喜十八年
延喜十九年
延喜二十年
延喜二十一年
延喜二十二年
延長元年
延長二年
延長三年
守　従五位下坂上恒蔭　正月卅日任（外記補任）元大外記
延長四年
延長五年

延長六年

延長七年

延長八年

承平元年

承平二年

承平三年

承平四年

承平五年

承平六年

守　源昭　―任終（符宣抄第八天慶八年三月八日宣旨）

承平七年

守　従五位下物部本与　六月十三日着任（符宣抄第八天慶八年三月八日宣旨）

天慶元年

守　従五位下物部本与　―見（符宣抄第八）

天慶二年

守　従五位下物部本与　―見（符宣抄第八）

天慶三年

守　従五位下物部本与　―見（符宣抄第八）

天慶四年

守　従五位下物部本与　―見（符宣抄第八）

天慶五年

守　従五位上橘奉胤　閏三月九日見（世紀）　七月十一日到任（符宣抄第八天慶八年三月八日宣旨）

天慶六年
守　従五位上橘奉胤　二月十六日見（符宣抄第八天慶八年三月八日宣旨）
天慶七年
天慶八年
天慶九年
天暦元年
天暦二年
天暦三年
天暦四年
天暦五年
天暦六年
天暦七年
天暦八年
天暦九年
天暦十年
天徳元年
天徳二年
介　中原以忠　七月任（大成抄第五）直講
天徳三年
天徳四年
応和元年
応和二年

応和三年
康保元年
康保二年
康保三年
守　従五位上平佐忠　―遷肥前守（宝篋院陀羅尼伝来記・題抜備考）
康保四年
安和元年
安和二年
守　従五位下藤原敏政　二月廿六日任符請印（符宣抄第八）
天禄元年
天禄二年

天禄三年
権守　源有忠　八月廿八日見（類聚歌合・規子内親王前栽合・古今著聞集）　九月廿二日見（源順集）
天延元年
天延二年
掾　多治雅清　正月任（外記補任正暦五年条）
天延三年
貞元元年
貞元二年
天元元年
天元二年
権介　正六位上若麻績元理　―任（大成抄第一下）

天元三年

天元四年

天元五年

永観元年

権目　従七位上葛業遠　―任（大成抄第四）

永観二年

権守　従五位下菅野忠輔　八月任（外記補任）大外記、元安芸

権介　*任安芸権守か

寛和元年

守（権守ヵ）　従五位下菅野忠輔　九月任（外記補任）大外記、元安芸

権守

寛和二年

権守　従五位下菅野忠輔　正月廿六日見（世紀）大外記主税助

*菅野忠輔　七月廿三日任安芸権守（外記補任）

紀伊国

寛平元年

寛平二年

寛平三年

寛平四年

寛平五年

権守　従五位上貞登　正月任（古今目録）

寛平六年

寛平七年

寛平八年

寛平九年

昌泰元年
権守　従四位下藤原仲平　正月廿九日任（補任延喜八年条・古今目録）左近衛中将
掾　正六位上大江春潭　－任（大成抄第四）魚魯*は大江春沢に作る
昌泰二年
昌泰三年
藤原仲平*　正月十一日任讃岐権守（補任延喜八年条・古今目録）
延喜元年
延喜二年
延喜三年
延喜四年
延喜五年
延喜六年
延喜七年
延喜八年
延喜九年
延喜十年
延喜十一年
延喜十二年
（守）　従五位下菅野利蔭　三月任（外記補任）元大外記
延喜十三年
延喜十四年

権介　従五位下藤原忠文　四月廿二日任（補任天慶二年条）左馬頭

紀*伊守橘公廉　この年以前見（意見十二箇条）

延喜十五年

延喜十六年

延喜十七年　藤*原忠文　五月廿日任左衛門権佐（補任天慶二年条）

延喜十八年

守　従五位上伴保平　正月十六日任（補任天慶二年条）

延喜十九年

延喜二十年

守　伴（保平）　九月十一日見（平二一一七）

延喜二十一年

延喜二十二年

延長元年　伴*保平　正月十二日任伊勢守（補任天慶二年条）

延長二年

延長三年

延長四年

延長五年

権守　正五位下藤原実頼　正月十二日任（補任承平元年条・大鏡裏書）蔵人右近衛権少将

権介　従五位上伴久永　－見（外記補任）大外記勘解由次官　正月六日見（符宣抄第六）　十二月廿六日見（上延喜格式表・皇子沙汰文）

延長六年

権介　従五位上伴久永　―見（外記補任）大外記勘解由次官

延長七年

藤原実頼* 正月廿九日任播磨守（補任承平元年条）

権介　従五位上伴久永　―見（外記補任）大外記勘解由次官八月廿一日見、十一月十七日見（符宣抄第九）

延長八年

権守　正四位下源是茂　正月廿九日任（補任承平四年条）左兵衛督

権介　従五位上伴久永　―見（外記補任）大外記勘解由次官

承平元年

介　従五位下錦部春蔭　五月五日見（東大寺一―一二一〇）泰*風に作る　五月七日見（慶延記・醍醐寺要書）左大史

伴久永* 十一月十三日任美濃権介（外記補任）

承平二年

守　従五位上藤原元名　正月任（異補任康保元年条）補*任天徳二年条は正月廿七日任伊予守に作る

介　従五位下錦部（春蔭）八月五日見（平四五六〇）左大史

承平三年

権介　従五位下大江維時　十月廿四日任（補任天暦四年条）文章博士　異*補任応和三年条は十月任紀伊介に作る

承平四年

大江維時* 正月七日叙従五位上（補任天暦四年条）

権介　従五位下藤原清正　正月任（歌仙伝）

承平五年

介　従五位上大江維時　八月廿五日見（符宣抄第九）文章博士

承平六年

権介　従五位下矢田部公望　十二月八日見（釈日本紀）博士

承平七年

権守　従四位上源正明　三月八日任（補任天暦五年条）右近衛中将

天慶元年

守　従五位下藤原令問　十月十九日復任（世紀）

天慶二年

天慶三年

権守　従四位上源兼明　三月廿五日任（補任天慶七年条）右近衛権中将

天慶四年

天慶五年

権守　従四位上源庶明　十二月十三日任（補任）参議左兵衛督

介　従五位上橘実利　四月廿七日見（世紀）少納言

天慶六年

権守　従四位上源庶明　二月任（異補任天暦九年条）－見（補任）参議左兵衛督　十二月廿四日見（日本紀竟宴和歌）

介　従五位上橘実利　十二月廿四日見（日本紀竟宴和歌）少納言侍従

権介　従五位下矢田部公望　十二月廿四日見（日本紀竟宴和歌・釈日本紀・西宮記）

天慶七年

権守　従四位上源庶明　－見（補任）参議左兵衛督

天慶八年

権守　従四位上源庶明　正月七日叙正四位下（補任）参議左兵衛督

天慶九年

天暦元年

権守　正四位下藤原忠文　二月一日任（補任・一代要記）参議
民部卿　六月廿六日卒（補任）

天暦二年

天暦三年
権掾　巨勢季方　正月任、五月停（魚魯）
権掾　越智種実　五月二日任（魚魯）

天暦四年
掾　正六位上藤原後生　四月十四日見（符宣抄第九）

天暦五年
権守　従三位　源兼明　正月卅日任（補任）参議治部卿
権介　従五位上藤原伊尹　正月卅日任（補任天徳四年条）蔵人
左近衛少将　*大鏡裏書は紀伊介に作る

天暦六年
権守　従三位　源兼明　―見（補任）参議治部卿
国司補任　紀伊国（天暦元年～同十年）

権守　従四位上藤原朝忠　正月十一日任（異補任康保三年条）
左近衛中将　*補任は伊勢権守に作る

天暦七年

天暦八年
権守　従四位下藤原朝成　三月十四日任（補任天徳二年条）左
近衛中将
大目　正六位上秦基連　―任（大成抄第二下）

天暦九年
権介　従五位上藤原兼通　二月廿日任（大鏡裏書・摂関伝）左
兵衛佐　二月廿三日任（補任安和二年条）
権介　従五位下藤原兼家　二月廿八日任（補任安和元年条）右
兵衛佐

天暦十年
守　従五位上藤原清正　正月任（歌仙伝）
*藤原兼通　正月廿七日任近江権介（補任安和二

年条）
権少目　正六位上巫部（名欠）八月十六日見（平二六九）
天徳元年
天徳二年
藤原清正*　七月卒（歌仙伝）
権守　従四位下源保光　正月卅日任（補任天禄元年条）民部大輔
権守　従四位下藤原伊尹　正月卅日任（大鏡裏書）補任天徳四年条は任伊予権守に作る
天徳三年
天徳四年
応和元年
守　従四位上藤原伊尹　正月廿五日任（摂関伝）補任は任伊予守に作る
応和二年
応和三年
康保元年
守　藤原為光　二月二日見（符宣抄第八）
権守　従四位下源忠清　正月廿三日任（補任天延元年条）
前司橘雅文*　二月二日見（符宣抄第八）
康保二年
康保三年
守　紀文利　三月十六日任符請印（符宣抄第八）八月十五日見（内裏謌合）
介　従五位下物部安国　二月三日見（東大寺一―一一七、二一八）左大史
康保四年
安和元年

守　従五位下紀（文利ヵ）六月廿九日見（符宣抄第七）
介　従五位下物部安国　三月廿日見（東大寺一―三七・東大寺寺務統譜）左大史
権介　従五位上橘時舒　十月十一日見（符宣抄第四）少納言侍従
大目　正六位上文（名欠）　六月廿九日見（符宣抄第七）

安和二年
源*忠清　正月廿七日任備前守（補任天延元年条）
権守　従五位上十市有象　八月十一日見（符宣抄第九）刑部大輔博士

天禄元年

天禄二年

天禄三年
守　藤原棟和（利）　四月廿七日見（紀略）

天延元年
国司補任　紀伊国（安和元年～天元元年）

守　藤原棟利　二月四日見、三月廿三日見（親信卿記）

天延二年
守　藤原景斉　二月廿五日見（親信卿記）

天延三年
（権守ヵ）守　従四位上藤原佐理　十月五日任（補任天元元年条）左中弁内蔵頭
権介　従五位下藤原懐遠　十月五日任（補任寛和二年条）

貞元元年

貞元二年
守　藤原景斉　十月一日見（高野興廃記）十一月一日見（高野春秋）

天元元年

天元二年

権守　正四位下藤原為輔　正月廿日任（補任）参議左大弁　十二月二日任勘解由長官（補任）

天元三年

権守　正四位下藤原為輔　七月一日任美濃権守（補任）参議左大弁勘解由長官

天元四年

天元五年

守　源渡　正月三日見（小右記）

永観元年

永観二年

権大目　丹波茂安　八月十八日任（魚魯）

寛和元年

守　藤原正雅　四月卅日任（小右記）

寛和二年

権守　従四位上藤原懐遠　三月五日任（補任）修理大夫　五月*十四日叙正四位下、十二月廿二日叙従三位（補任）

淡路国

寛平元年

寛平二年

寛平三年

寛平四年

寛平五年

寛平六年

寛平七年

寛平八年

寛平九年

昌泰元年

目　正六位上長背氷魚主―任（大成抄第三下）

昌泰二年

昌泰三年

延喜元年

延喜二年

延喜三年

延喜四年

延喜五年

延喜六年

*前司伊勢春支　―見（要略巻五四）　*死去

*新司菅野直躬　―見（要略巻五四）

延喜七年

延喜八年

延喜九年

延喜十年

延喜十一年

守　外従五位下菅野君平正月十三日任（外記補任）元大外記

延喜十二年

延喜十三年

延喜十四年

国司補任　淡路国（延喜十五年～承平二年）

延喜十五年
守　従五位下伴久永　正月十二日任（外記補任）元大外記
延喜十六年
守　従五位下伴久永　三月廿八日遷大外記（外記補任）
延喜十七年
延喜十八年
延喜十九年
守　（姓欠）良助　十二月卅日見（貞信公記抄）
延喜二十年
守　従五位下葛井清明　正月卅日任（外記補任）元大外記
延喜二十一年
権掾　凡河内躬恒　正月卅日任（作者部類）
延喜二十二年
延長元年
延長二年
守　従五位下島田良行　二月二日任（外記補任）元大外記
延長三年
延長四年
延長五年
延長六年
延長七年
延長八年
承平元年
承平二年

承平三年
承平四年　前司島田良行*　―見（要略巻五六）　卒去*
　新司阿刀忠行*　―見（要略巻五六）
承平五年
承平六年
守　阿刀忠行　正月遷主税頭（勘例）
承平七年
天慶元年
天慶二年
守　安倍春村　七月見（日本新国史）
天慶三年
天慶四年

国司補任　淡路国（承平三年～天暦四年）

守　外従五位下内蔵惟範　九月廿日賜内階（世紀）
天慶五年　筑後守外従五位下吉志公忠*　四月廿五日叙従五位下（世紀）
　淡路功課*
天慶六年
天慶七年
守　従五位下安倍有春　二月廿一日任（外記補任）元大外記
天慶八年
天慶九年
天暦元年
天暦二年
天暦三年
天暦四年

天暦五年
天暦六年
天暦七年
天暦八年
天暦九年
守　菅原雅親（規カ）　十月八日見（群載第一六）
掾　清原忠経　十月八日見（群載第一六）
天暦十年
天徳元年
天徳二年
天徳三年
天徳四年
応和元年
応和二年
応和三年
康保元年
康保二年
守　外従五位下海正澄　正月卅日任（外記補任応和三年条尻付）
康保三年
康保四年
安和元年
安和二年

天禄元年

天禄二年

天禄三年

大掾　　　　大中臣安兼八月廿八日見（類聚歌合・規子内親王家歌合）

天延元年

天延二年

天延三年

貞元元年

貞元二年

天元元年

天元二年

天元三年

天元四年

天元五年

永観元年

永観二年

掾　　正六位上掃守業茂　―更任（大成抄第二上）

掾　　藤原弘道　六月任（除目申文之抄）文章得業生

寛和元年

寛和二年

阿波国

寛平元年

権守　　藤原直方　九月見（雑言奉和）

寛平二年

寛平三年

寛平四年

権掾　矢田部名実三月十五日任（古今目録）

寛平五年

寛平六年

寛平七年

寛平八年

守　従五位下橘清樹　正月廿六日任（古今目録）

寛平九年

*矢田部名実七月廿二日任少内記（古今目録）

昌泰元年

昌泰二年

*橘清樹　三月卒（古今目録）

昌泰三年

延喜元年

権守　源兼利　正月廿七日任（要略巻二二）　*左降、元前摂津守

延喜二年

延喜三年

権守　源兼似　三月二日見（北山抄・撰集秘記）

権掾　正六位上南淵広淵　正月任（大成抄第四）

*前守（藤原ヵ）連松三月二日見（北山抄・撰集秘記）

延喜四年

延喜五年

延喜六年
延喜七年
延喜八年
延喜九年
前守橘公廉*　正月十一日任因幡守（西宮記）
延喜十年
延喜十一年
延喜十二年
延喜十三年
延喜十四年
阿波守橘秘樹*　この頃見（意見十二箇条）
国司補任　阿波国（延喜六年～同二十一年）

延喜十五年
延喜十六年
権守　従五位下藤原実頼　三月廿八日任（補任承平元年条・大鏡裏書）
延喜十七年
藤原実頼*　五月廿四日任右衛門佐（補任承平元年条）
但馬介橘秘樹*　三月十六日任符請印（符宣抄第八）
元阿波守
延喜十八年
延喜十九年
権掾　大和有卿（神イ）　十二月五日見（扶桑）
延喜二十年
延喜二十一年

延喜二十二年
延長元年
延長二年
延長三年
少目　従七位上矢田部惟実十月任（大成抄第二上）元権少目
延長四年
延長五年
延長六年
延長七年
延長八年
承平元年
承平二年
承平三年
介　外従五位下矢田部公望正月十二日任（外記補任）元大外記
*前司紀延年　―見（要略巻五三）
承平四年
承平五年
承平六年
守　橘敏貞　十一月ヵ見（紀貫之集第八）
介　従五位下矢田部公望冬見（日本紀竟宴和歌）　*釈日本紀
は十二月八日紀伊権介見任とする
承平七年
守　従五位下藤原雅量　九月十七日見（符宣抄第八）
天慶元年

天慶二年

天慶三年

藤原国風* この年以降任阿波介(藤原有馬世譜)

天慶四年

守 従五位上藤原守義 三月廿九日任(補任天禄三年条)

天慶五年

前守藤原雅量* 二月三日見(北山抄) 四月廿五日

叙従五位上(世紀) 阿波功課*

天慶六年

天慶七年

天慶八年

天慶九年

国司補任 阿波国(天慶二年〜天暦九年)

天暦元年

藤原守義* 二月一日任伊勢守(補任天禄三年条)

天暦二年

天暦三年

天暦四年

天暦五年

天暦六年

天暦七年

天暦八年

権守 従五位下藤原懐忠 三月十三日任(補任永祚元年条)

三月十四日任(異補任寛弘六年条)

天暦九年

天暦十年

天徳元年

天徳二年

藤原懐忠*　閏七月廿八日任侍従（補任永祚元年条）

天徳三年

天徳四年

応和元年

守　源嘉生　―見（侍中群要）

応和二年

応和三年

康保元年

康保二年

康保三年

康保四年

守　橘高臣　二月任（文粋第六天元二年七月廿二日平兼盛等奏状）元掃部頭　八月七日任符請印（符宣抄第八）

安和元年

安和二年

介　従五位下大蔵弼邦　十月九日《十九ヵ》任（外記補任）元大外記

天禄元年

天禄二年

介　従五位下大蔵弼邦　三月廿日遷大外記（外記補任）

天禄三年

天延元年

天延二年

天延三年　*前守（姓欠）忠信二月十四（七カ）日見（類聚歌合・堀河中納言家歌合）

貞元元年

貞元二年

守　従五位下平親信　正月廿日任（補任長保三年条）八*月二日叙従五位上（補任同上）

天元元年

天元二年

天元三年

権掾　正六位上藤原彦国　－任（大成抄第八下）

天元四年

天元五年

*阿波掾浄岡忠蔵　天元中見（石清水五―一〇五）

永観元年

永観二年

権掾　正六位上御長好隣　－任（大成抄第四）

大目　印南正村　八月十八日任（魚魯）

寛和元年

寛和二年

讃岐国

寛平元年

権守　従四位下藤原時平　正月十六日任（補任寛平二年条・大

鏡裏書・古今目録）蔵人頭右近衛権中将

介　正五位下源湛　正月十六日任（補任寛平五年条）左近衛少将

寛平二年

守　正五位下菅原道真　春罷秩帰京（菅家御伝記・北野天神御伝）不交替入京（菅家文草）秋帰京（菅原系図）

*藤原時平　正月七日叙従四位上、十一月廿六日叙従三位（補任）

権介　正五位下在原友于　正月廿八日任（補任昌泰三年条）左近衛少将

*源湛　二月廿七日任内蔵権頭（補任寛平五年条）

*前守菅原道真　三月三日見（年中行事抄）　―見（撰集秘記）*前介に作る

寛平三年

*藤原時平　三月十九日任参議（補任・大鏡裏書）*兼国如元

権守　従五位上小野春風　正月卅日任（古今目録）右近衛少将

*前守正五位下菅原道真　二月見（菅家侍読年譜）

寛平四年

介　従五位下紀長谷雄　五月廿三日任（補任延喜二年条）文章博士

*在原友于　二月廿一日任内蔵頭（補任昌泰三年条）

寛平五年

権守　正五位下藤原仲平　正月十日任（古今目録）正月十一日任（補任延喜八年条）蔵人右近衛少将

介　従五位下紀長谷雄　二月廿一日兼任式部少輔（補任延喜二年条）文章博士

寛平六年

守　正五位下安倍清行　正月十五日任（古今目録）

*藤原仲平　正月七日叙従四位下（古今目録）

介　従五位上紀長谷雄　―見（平補二五八）遣唐副使右少弁

式部少輔文章博士
紀長谷雄* 正月七日叙従五位上、八月十六日任右少弁（補任延喜二年条）

寛平七年

介　従五位上紀長谷雄　三月十九日見（東大寺一―一五三）六月廿八日見（東大寺一―一五四）　七月十七日見（大安寺縁起）　長*谷寺縁起文は七月廿七日に作る、遣唐副使右少弁式部少輔文章博士

紀長谷雄*　八月十三日叙正五位下、八月十六日任大学頭、去弁（補任延喜二年条）

寛平八年

藤原仲平*　正月廿六日任左近衛権中将（古今目録）

寛平九年

権守（守カ）　従四位上源湛　正月十四日任（補任）　参議弾正大弼五月廿五日任刑部卿（補任）

権守　従三位　源直　五月廿五日任（補任）　参議、元右衛門督

藤原仲平*　六月十九日任右近衛中将（古今目録）

権守如元（マ、）*

権掾　藤原兼茂　七月五日任（補任延長元年条）　七*月七日補蔵人（補任同上）　寛平中任（古今目録）

昌泰元年

権守（守カ）　従四位上源湛　―見（補任）　参議刑部卿

権守　従三位　源直　―見（補任）　参議

藤原兼茂*　正月廿九日任左衛門尉（補任延長元年条）

権掾　藤原兼輔　正月廿九日任（補任延喜二十一年条）正月任（古今目録・歌仙伝）

昌泰二年

守　従五位上藤原枝良　正月十一日任（補任延喜十三年条・弁官至要抄）　二*月十一日任太皇太后宮亮（補任同上）

源湛*　正月十一日任美濃権守（補任）

権守　従三位　源直　十二月廿六日出家（補任）　参議

昌泰三年
権守　従四位下藤原仲平　正月十一日任（補任延喜八年条・古今目録）左近衛中将中宮大夫
少目　従八位下巨勢相見　二月任（大成抄第四）

延喜元年
権介　従五位下橘澄清　二月十九日任（補任延喜十三年条）九月見（雑言奉和）

延喜二年
　　*藤原仲平　二月廿三日任備前守（補任延喜八年条）

延喜三年
守　従四位上源昇　正月十一日任（補任）参議勘解由長官侍従
権守　従四位上紀長谷雄　正月十一日任（補任）参議左大弁　六月五日見（東寺要集・石山寺文書）

延喜四年
守　従四位上源昇　正月七日叙正四位下（補任）参議勘解由長官侍従
権守　従四位上紀長谷雄　二月十日見（江次第）　―見（補任）参議左大弁

延喜五年
守　正四位下源昇　―見（補任）参議勘解由長官侍従
権守　従四位上紀長谷雄　三月十七日見（東大寺一―一二一・東大寺寺務統譜）　四月廿八日見（東大寺一―九五）　八月見（延喜式序）　十二月廿六日見（東大寺一―一五八）　―見（補任）参議左大弁

延喜六年
守　正四位下源昇　―見（補任）参議勘解由長官侍従
権守　従四位上紀長谷雄　十二月十六日見（東大寺一―一五九）　閏十二月十七日見（日本紀竟宴和歌）　―見（補任）参議左大弁
　　*橘澄清　正月十日任播磨介（補任延喜十三年条）

(前)*介橘澄清　九月十七日功課（西宮記）

延喜七年

守　従四位上紀長谷雄　正月十三日任（補任）参議左大弁
七月四日見（東宝記）　十一月十五日見（延喜格序）

権守　従四位上紀長谷雄　七月四日見（三代格）参議左大弁
十二月廿二日見（東大寺一―一六〇）

延喜八年

守　従四位上紀長谷雄　正月七日叙正四位下（補任）参議左
大弁

延喜九年

守　正四位下紀長谷雄　二月廿三日見（西宮記）参議左大弁
六月十五日見（東大寺一―九六）

延喜十年

守　従四位下藤原保忠　正月十三日任（補任延喜十四年条）
侍従

守（介ヵ）　従五位下平中興　正月十三日任（古今目録）

延喜十一年

守　藤原保忠*　二月十七日任右近衛中将（補任延喜
十四年条）

権守　従四位下藤原清貫　正月十三日任（補任）参議右大弁春
宮亮　二月十五日兼任左大弁、四月廿八日兼任式部大輔、去亮（補任）

延喜十二年

権守　従四位下藤原清貫　正月七日叙従四位上（補任）参議左
大弁式部大輔　五月廿三日見（東大寺一―二〇六）

介　従五位上藤原後蔭（俊）　正月十五日任（古今目録）右近衛少
将　*二月十五日補蔵人（職事補任）

権掾　小野好古　三月廿七日任（補任天暦元年条）

延喜十三年

藤原清貫*　正月廿八日任権中納言（補任）

権守　従四位下藤原恒佐　四月十五日任（補任延喜十五年条）
蔵人頭右近衛権中将

延喜十四年

守　正四位下藤原清経　正月十二日任（補任）参議右衛門督

権守　従四位下藤原恒佐　四月廿二日兼任右近衛中将（補任延喜十五年条）蔵人頭、元権中将

権介　藤原顕相　正月十二日任（西宮記）

延喜十五年

守　正四位下藤原清経　正月七日叙従三位（補任）参議右衛門督　*五月廿三日薨（補任）

守　従四位上藤原枝良　六月廿五日任（補任）参議修理大夫

権守　従四位下藤原恒佐　六月廿五日兼任参議（補任）右近衛中将、元蔵人頭

　*平中興　正月十二日任近江守（古今目録）

延喜十六年

守　従四位上藤原枝良　―見（補任）参議修理大夫

権守　従四位下藤原恒佐　―見（補任）参議左（右）近衛中将

延喜十七年

守　従四位上藤原枝良　五月廿七日卒（補任）参議修理大夫

　*藤原恒佐　正月廿九日任備前権守（補任）

権守　従四位上藤原保忠　正月廿九日任（補任）参議右大弁

　*藤原後蔭　正月任信濃権守（古今目録）

　（藤原ヵ）千兼　三月六日見（河海抄）

掾　*小野好古　正月廿九日任春宮権少進（補任天暦元年条）

延喜十八年

権守　従四位上藤原保忠　―見（補任）参議右大弁

権介　正五位下平伊望　正月十二日任（補任延長五年条）左近衛権少将

延喜十九年

守　正四位下源当時　―見（補任）参議右兵衛督検非違使別当　九月十三日兼任右衛門督（補任）

権守　従四位上藤原保忠　―見（補任）参議右大弁

権掾　従五位下伴久永　六月三日任（外記補任）大外記

延喜二十年

守　正四位下源当時　―見（補任）参議右衛門督検非違使別当

権守　従四位上藤原保忠　―見（補任）参議右大弁

権掾　従五位下伴久永　三月廿八日見（符宣抄第八）大外記

延喜二十一年

*源当時　正月卅日任中納言（補任）

*藤原保忠　正月卅日任権中納言（補任）

権守　従四位上源是茂　正月卅日任（補任承平四年条）侍従

権掾　従五位下伴久永　正月補侍従（外記補任）大外記　三月十一日見（符宣抄第四）

延喜二十二年

守　従四位下平伊望　正月卅日任（補任延長五年条）蔵人頭左近衛少将春宮亮　*蔵人補任は正月任讃岐権守に作る

少掾　従五位下伴久永　―見（外記補任）大外記

延長元年

*平伊望　六月廿六日任式部権大輔（補任延長五年条）

*源是茂　六月廿二日任左京大夫（補任承平四年条）

延長二年

権守　従四位上藤原扶幹　二月一日任（補任）参議中宮大夫

延長三年

守　正四位下藤原玄上　正月卅日任（補任）参議刑部卿

*藤原扶幹　正月卅日任大宰大弐（補任）

権守　従四位上源悦　正月卅日任（補任）参議左大弁　十二月十四日見（符宣抄第六）　*群載第二二は讃岐守源恒に作る

介　正五位下藤原忠文　正月卅日任（補任天慶二年条）春宮大進　*異補任天暦元年条は讃岐権介に作る

延長四年

守　正四位下藤原玄上　―見（補任）参議刑部卿

権守　従四位上源悦　正月七日叙正四位下（補任）参議左大弁

　*藤原忠文　正月廿九日任摂津守（補任天慶二年条）

延長五年

　*藤原玄上　正月十二日任近江守（補任）

守　従四位下藤原当幹　十一月十六日任（補任）参議治部卿　十二月廿七日見（智証大師賜号勅書・智証大師伝・謚号雑記・唐房行履録・寺門伝記補録・天台霞標初編）

権守　正四位下源悦　―見（補任）参議左大弁　十二月廿七日見（智証大師賜号勅書・智証大師伝・謚号雑記・唐房行履録・寺門伝記補録）

延長六年

守　従四位下藤原当幹　正月七日叙従四位上（補任）参議治部卿

権守　正四位下源悦　九月九日任伊予守（補任）参議左大弁

延長七年

守　従四位上藤原当幹　―見（補任）参議治部卿

権守　正四位下藤原邦基　正月廿九日任（補任）参議左大弁春宮大夫

延長八年

守　従四位上藤原当幹　―見（補任）参議治部卿

　*藤原邦基　十月十六日任民部卿、十二月十七日任中納言（補任）

承平元年

守　従四位上藤原当幹　―見（補任）参議治部卿

守　従四位下藤原実頼　十二月廿七日任（補任・大鏡裏書）参議右近衛中将

権守　従四位上平時望　―見（補任）参議右大弁修理大夫　*三月十三日任か　三月任（異補任天慶元年条）

承平二年

守　従四位下藤原実頼　十一月十六日叙従四位上（補任）参
　議右近衛中将
権守　従四位上平時望　ー見（補任）参議右大弁修理大夫
介　菅原淑茂　六月八日見（貞信公記抄）

承平三年

守　従四位上藤原実頼　五月廿七日任右衛門督、補検非違
　使別当（補任）参議
権守　従四位上平時望　十月廿四日兼任左大弁（補任）参議
　修理大夫、元右大弁

承平四年

権守　従四位上平時望　正月七日叙正四位下（補任）参議左
　大弁修理大夫

承平五年

承平六年

権守　正四位下源是茂　正月廿九日任（補任）参議左兵衛督
　勘解由長官

承平七年

守　源長鑒　十一月十九日見（要略巻二六・吏部
　王記）
権守　正四位下源是茂　三月八日兼任左大弁（補任）参議

天慶元年

権守　正四位下源是茂　ー見（補任）参議左大弁

天慶二年

源是茂*　八月廿七日任権中納言（補任）
介　藤原国風　十二月廿六日見（扶桑天慶三年十一
　月廿一日条）十二月見（純友追討記）

天慶三年

権守　正四位下藤原元方　三月廿五日任（補任）参議、兼任左
　大弁

国司補任　讃岐国（天慶四年～天暦五年）

天慶四年
権守　正四位下藤原元方　―見（補任）参議左大弁
天慶五年
藤原元方*　三月廿九日任中納言（補任）
介　従五位下伴彦真　四月廿五日叙従五位上（世紀）
天慶六年
天慶七年
天慶八年
守　正四位下源高明　三月廿八日任（補任）参議右衛門督
天慶九年
守　正四位下源高明　四月廿八日叙従三位（補任）参議右衛門督　八月七日見（要略巻八二）
天暦元年
源高明*　四月廿六日任権中納言（補任）
権守　従四位上源正明　六月六日任（補任天暦五年条）左近衛中将
介　伴彦真　十二月廿五日見（紀略）
天暦二年
守　従四位上源等　正月卅日任（補任）参議右大弁勘解由長官
天暦三年
守　従四位上源等　―見（補任）参議右大弁勘解由長官
介　従四位上上毛野行兼　五月廿八日任（魚魯）
天暦四年
守　従四位上源等　―見（補任）参議右大弁勘解由長官
天暦五年
源等*　三月十日卒（補任）
源正明*　正月卅日任参議（補任）
権掾　大中臣能宣　正月任（歌仙伝）　十月卅日見（顕昭

法橋万葉集時代難事・後撰和歌集奥書・後撰集新抄）*讃岐大掾に作る　―見（源順集）*讃岐掾に作る

天暦六年

権守（守カ）　正四位下源正明　十一月任（補任）参議弾正大弼　*異

補任天徳二年条は正月任讃岐守に作る

天暦七年

守　正四位下源正明　―見（補任）参議弾正大弼

権守　従四位上小野好古　正月廿九日任（補任）参議

天暦八年

守　正四位下源正明　―見（補任）参議弾正大弼

権守　従四位上小野好古　―見（補任）参議

権大目　正六位上秦長実　―任（大成抄第三下）

天暦九年

*源正明　二月七日任大和権守（補任）

権守　従四位上小野好古　閏九月十七日任備中権守（補任）参議

天暦十年

守　正四位下藤原朝忠　正月廿七日任（補任）参議　正月任（歌仙伝）

権守　従四位上藤原有相　正月廿七日任（補任）参議左大弁

天徳元年

守　正四位下藤原朝忠　十二月廿五日任右衛門督、補検非違使別当（補任）参議

権守　従四位上藤原有相　六月廿七日任播磨権守（補任）参議左大弁

天徳二年

*藤原朝忠　正月卅日任備中守（補任）

掾　大中臣能宣　閏七月廿八日遷神祇少佑（中臣系図）

*前掾か

天徳三年

天徳四年
守　従四位上藤原元名　正月廿四日任（補任・西宮抄）参議
九月廿一日兼任宮内卿（補任）

応和元年
守　従四位上藤原元名　―見（補任）参議宮内卿
介　藤原子高　正月七日見（桂史抄・内局柱礎抄）
掾　藤原雅材　七月ヵ遷播磨掾（西宮記）蔵人文章
得業生

応和二年
守　従四位上藤原元名　正月七日叙正四位下（補任）参議宮
内卿
権介　従五位下源時中　正月廿二日任（補任寛和二年条）
*異補任長保二年条は讃岐介に作る　*八月七日任侍従（補任同上）

応和三年
守　正四位下藤原元名　―見（補任）参議宮内卿

掾　源輔成　二月二日見（元亨四年具注暦裏書）
蔵人
*故讃岐守（介ヵ）藤原子高　二月廿八日見（東宮御元服部類）

康保元年
守　正四位下藤原元名　二月廿三日致仕（補任）参議宮内卿
*八月出家（補任）
権守　従四位上藤原元輔　正月廿二日任（補任天禄三年条）右
近衛中将　*三月廿七日任備中権守（補任同上）

康保二年

康保三年
権介　藤原清遠　閏八月十五日見（内裏謌合）

康保四年

安和元年

安和二年

権介　従五位上大江斉光　正月任（補任天元四年条）右中弁東宮学士　*二月七日任美濃介（補任同上）

権大目　額田良秀　―任（符宣抄第一〇同年二月十三日宣旨）

天禄元年

権守　従三位　藤原兼通　正月廿五日任（補任・大鏡裏書・摂関伝）参議宮内卿　正月廿八日遷美濃権守（補任・大鏡裏書）

権守　藤原懐忠　十二月廿五日任（補任永祚元年条）右近衛少将

天禄二年

守　従三位　藤原済時　正月廿九日任（補任）参議左兵衛督

天禄三年

守　従三位　藤原済時　―見（補任）参議左兵衛督　九月廿七日見（要略巻三〇）*西宮記は天禄元年に作る

権介　従五位下賀茂連量　七月廿八日任（外記補任）元大外記

天延元年

守　従三位　藤原済時　―見（補任）参議左兵衛督

天延二年

権守（守カ）　従三位　藤原済時　―見（補任）参議左兵衛督

*藤原懐忠　正月廿八日任備中守（補任永祚元年条）

権守　従四位下源時中　十一月任（異補任長保二年条）十二月廿八日任（補任寛和二年条）右近衛中将

権介　源通理　二月八日見（親信卿記）

天延三年

守　従三位　藤原済時　―見（補任）参議左兵衛督　*正月廿六日任権中納言（補任）

*源時中　正月廿六日任備後権守（補任寛和二年条）

貞元元年

貞元二年
権守　藤原高遠　八月十六日見（三条左大臣殿前栽合）
権介　正五位下源（名欠）　六月廿五日見（符宣抄第七）民部権少輔
大目　正六位上物部（名欠）六月廿五日見（符宣抄第七）
天元元年
天元二年
守　正四位下藤原佐理　正月廿九日任（補任）参議
天元三年
守　正四位下藤原佐理　―見（補任）参議
天元四年
守　正四位下藤原佐理　―見（補任）参議
天元五年
藤原佐理*　正月卅日任伊予権守（補任）
介　藤原永頼　二月十九日見（小右記）
永観元年
守　従四位上藤原公任　正月廿六日任（補任正暦三年条）侍従　正月廿七日任（中古歌仙・異補任万寿元年条）十二月十三日任*左近衛権中将（補任同上）
権守　従四位下藤原正光　正月廿七日任（補任寛弘元年条）左馬頭
永観二年
藤原公任*　二月一日任尾張権守（補任正暦三年条）
寛和元年
寛和二年
守　源泰清　三月廿一日見（円融院御受戒記）三月廿二日見（東大寺要録）
藤原正光*　七月五日任皇太后宮権亮（補任寛弘元年条）

伊予国

寛平元年
権介　正五位下藤原高藤　六月廿八日任(補任寛平六年条)左近衛少将

寛平二年
権掾　従五位下大蔵善行　二月廿七日任(外記補任)大外記

寛平三年
藤原高藤*　三月九日任伊勢権守(補任寛平六年条)
権掾　従五位下大蔵善行　—見(外記補任)大外記

寛平四年
権掾　従五位下大蔵善行　—任播磨権大掾(外記補任)大外記

寛平五年
国司補任　伊予国(寛平元年~同九年)

守　正五位上源希　正月十一日任(補任寛平七年条)右近衛権中将左少弁　正*月廿一日叙従四位下、二月十六日任権左中弁、二月廿二日任右大弁、補蔵人頭、三月十九日任修理大夫、閏五月一日任右兵衛督(補任同上)
権守　従四位上十世王　十一月廿二日任(補任寛平九年条)宮内卿

寛平六年
散*位従五位上大江千里　この年以前任伊予国司(句題和歌)

寛平七年
源希*　正月十一日任播磨守(補任)

寛平八年
十*世王　正月十二日任越前権守(補任寛平九年条)

寛平九年
権守《(守カ)》　従四位下源昇　正月十三日任(補任)参議侍従勘解

由長官　六月十九日兼任右兵衛督、七月十三日叙従四位上、九月止
督（補任）

介　従五位下橘澄清　正月十一日任（補任延喜十三年条）

昌泰元年

守　従四位上源昇　―見（補任）参議侍従勘解由長官

権守　正四位下源貞恒　正月廿九日任（補任）参議右衛門督
検非違使別当

掾　正六位上清原高平　四月任（大成抄第八下）

権少目　額田部徳基　正月任（魚魯）

昌泰二年

守　従四位上源昇　―見（補任）参議侍従勘解由長官

権守　正四位下源貞恒　―見（補任）参議右衛門督検非違使
別当

権介　従五位下小野美材　二月十一日任（古今目録）大内記

昌泰三年

守　従四位上源昇　―見（補任）参議侍従勘解由長官

守（権守カ）　正四位下源貞恒　正月廿六日叙従三位（補任）参議右
衛門督検非違使別当

小野美材*　二月廿日任信濃権介（古今目録）

延喜元年

守（権守カ）　従三位　源貞恒　―見（補任）参議右衛門督検非違使
別当

橘澄清*　二月十九日任讃岐権介（補任延喜十
三年条）

権介　宮道有憲　三月任（魚魯治安二年正月廿二日源
頼重申状）主殿頭

延喜二年

権守　従三位　源貞恒　正月廿六日任中納言（検非違使補任）
元参議右衛門督検非違使別当　補任*は伊予守に作る

少目　朝野良樹　正月十一日任（魚魯）

延喜三年

権少目　安那有常　正月任（魚魯）

延喜四年

延喜五年

介　従五位上良峯衆樹　正月十一日任（補任延喜十七年条）

右近衛少将　十*月十七日任主殿頭（補任同上）

延喜六年

守　正三位　藤原有実　正月十一日任（補任）参議左衛門督

閏十二月十七日見（日本紀竟宴和歌）

延喜七年

守　正三位　藤原有実　―見（補任）参議左衛門督

掾　　藤原文貞　三月十六日見（符宣抄第九）文章得

業生

延喜八年

守　正三位　藤原有実　―見（補任）参議左衛門督

源*舊鑒　二月卒（西宮記）編*年記に正五位

下大蔵卿伊予権守と見える

国司補任　伊予国（延喜四年～同十一年）

年条）

良*峯衆樹　二月廿三日任備前介（補任延喜十七

延喜九年

守　正三位　藤原有実　―見（補任）参議左衛門督

守　従四位下橘澄清　四月廿二日任（補任延喜十三年条）

元介

介　従四位下橘澄清　正月廿一日任（補任延喜十三年条）

四*月廿二日転守

光*孝天皇皇女礼子　三月十八日薨（一代要記）配伊予

介藤原連永

延喜十年

守　従四位上藤原道明　正月十四日任（補任）参議右大弁勘

解由長官　二月十五日任左大弁（補任）

延喜十一年

守　従四位上藤原道明　―見（補任）参議左大弁勘解由長官

正*月十三日任権中納言（補任）

延喜十二年
権守　従四位下藤原恒佐　正月十五日任（補任延喜十五年条）
　左近衛少将春宮亮　正月廿日補蔵人頭（補任同上）

延喜十三年
権守　従四位下藤原恒佐　正月廿八日兼任右近衛権中将（補任延喜十五年条）蔵人頭春宮亮　四月十五日任讃岐権守（補任同上）*

延喜十四年
権守　従四位下藤原玄上　正月十三日任（補任延喜十九年条）
　右近衛中将

延喜十五年
守　従四位上藤原保忠　正月十三日任（補任）参議右大弁

延喜十六年
守　従四位上藤原保忠　―見（補任）参議右大弁
　*藤原玄上　正月任近江権守（補任延喜十九年条）
*前伊予介源兼似　正月十三日任左中弁（勘例）

延喜十七年
　*藤原保忠　正月廿九日任讃岐権守（補任）
権守　従四位上良峯衆樹　五月廿日任（補任）参議
権掾　藤原在衡　正月廿九日任、□月廿一日遷備前掾（異補任天禄元年条）文章生　―任、―遷備前掾（群載第一七安和二年十月廿八日諷誦文）

延喜十八年

延喜十九年
権守　従四位下橘公頼　九月十三日任（補任延長五年条）左少弁

延喜二十年
　*橘公頼　正月卅日任右京大夫（補任延長五年条）

延喜二十一年

延喜二十二年

　*伊予権守大江千古　延喜中見（群載第三長徳四年十二月九日大江匡衡祭文）

延長元年

延長二年

延長三年

守　従四位下平時望　正月卅日任（補任延長八年条）　修理大夫春宮亮

権守　橘公統　五月八日見（紀略）

延長四年

権守　従四位下藤原伊衡　十月任（異補任天慶元年条）　右近衛権中将

延長五年

守　従四位下平時望　二月九日補蔵人頭（補任延長八年条）　修理大夫春宮亮

　*藤原伊衡　正月任播磨守（異補任天慶元年条）

延長六年

　*平時望　六月九日任右大弁（補任延長八年条）

守　従三位　源悦　九（六イ）月九日任（補任）　参議、元左大弁

延長七年

守　従三位　源悦　―見（補任）　参議

権守　正四位下源是茂　正月任（異補任天慶四年条）　左兵衛督

延長八年

権守（守カ）　従三位　源悦　正月八日薨（紀略）　参議

　*源是茂　正月廿九日任紀伊権守（補任承平四年条）

承平元年

承平二年

守　正四位下藤原扶幹　正月廿一日任（補任）参議左大弁

守（介カ）　従五位上藤原元名　正月廿七日任（補任天徳二年条）*異補任康保元年条は紀伊守に作る

権介　従五位上藤原敦忠　正月廿七日任（補任天慶二年条）左近衛権少将　*十一月十六日叙正五位下（補任同上）

承平三年

守　正四位下藤原扶幹　―見（補任）参議左大弁　*二月十三日任中納言（補任）

守　正四位下平伊望　十月廿四日任（補任）参議民部卿皇太后宮大夫

*藤原敦忠　正月十二日任近江権介（補任天慶二年条）

承平四年

守　正四位下平伊望　三月廿八日叙正四位上（補任）参議民部卿皇太后宮大夫　*十二月廿一日任中納言（補任）

承平五年

守　従四位上源自明　二月廿三日任（補任天徳二年条）

承平六年

*源自明　五月廿二日任越前守（補任天徳二年条）

守　従四位下紀淑人　五月廿六日任（古今目録）兼任左衛門権佐為追捕南海道使　六月任（紀略）*扶桑は伊予大介紀淑仁に作る　―任（続文粋第二保延元年七月廿七日藤原敦光勘文）

権守　従四位下藤原師輔　正月廿九日任（補任・大鏡裏書）参議右近衛権中将

*藤原元名　八月十五日任大和守（補任天徳二年条）

介　従五位上大江朝綱　八月十五日任（補任天暦七年条・異補任天徳元年条）左少弁文章博士、元越前介　十一月廿九日見（符宣抄第一〇）

*前掾藤原純友　三月見（玉類抄・吏部王記）

承平七年

権守　従四位下藤原師輔　—見(補任)　参議右近衛権中将

天慶元年
　*藤原師輔　六月廿三日任権中納言(補任)
介　従五位上大江朝綱　正月七日叙正五位下(補任天暦七年条)　八月廿三日見(符宣抄第一)　左少弁文章博士
　*故伊予介源相国　十一月廿二日見(世紀)

天慶二年
(守)　紀淑人　十二月廿一日見(世紀)
権守　従四位上源英明　春見(天台霞標六編)　十一月三日見(慈覚大師伝)　右近衛中将　*去春卒去
介　正五位下大江朝綱　二月十五日見(要略巻五五、巻五九)　左少弁文章博士
掾　藤原純友　—見(一代要記・純友追討記)　*前掾か
　*前掾藤原純友　十二月廿一日見(世紀)　十二月廿六日見(世紀・紀略)　十二月廿九日見(世紀)
　*大中臣頼基　四月任祭主(祭主補任集)　伊予介

常麻呂の曾孫

天慶三年
　*大江朝綱　十二月六日任右中弁、兼官如元(補任天暦七年条)
介　橘遠保　—任(纂要)
　*前掾藤原純友　正月六日見(師守記貞和三年十二月十七日条)　十一月廿一日見(扶桑)　*伊予掾に作る

天慶四年
守　紀淑人　五月見(宇和郡旧記)

天慶五年

天慶六年
権大目　従六位下秦敦光　十二月廿四日見(日本紀竟宴和歌)　明経得業生

天慶七年

天慶八年
守　従四位上藤原師氏　三月廿八日任（補任）参議
権守　従四位上忠望王　八月十一日見（世紀）神祇伯
天慶九年
守　従四位上藤原師氏　｜見（補任）参議　十月廿五日見（貞信公記抄）名*を欠く　十月廿八日見（大嘗会御禊部類記・吏部王記）十一月十八日見（大嘗会御禊部類記・西宮記・北山抄・吏部王記）
権守　（忠望）王　四月七日見（皇子沙汰文）神祇伯
権介　正五位下紀在昌　二月十一日見（符宣抄第九）式部少輔文章博士
天暦元年
守　従四位上藤原師氏　｜見（補任）参議
天暦二年
守　従四位上藤原師氏　正月卅日任右衛門督（補任）参議
権守　正四位下源庶明　正月卅日任（補任）参議左大弁
介　藤原善文　三月十二日見（九暦抄）
天暦三年
守　正四位下平随時　正月廿四日任（補任）参議修理大夫
権守　正四位下源庶明　｜見（補任）参議左大弁
介　橘公輔　三月二日見（九暦抄）
天暦四年
平*随時　正月廿日任大宰大弐（補任）
権守　正四位下源庶明　｜見（補任）参議左大弁
権介　従五位上橘直幹　四月十四日見（符宣抄第九）文章博士
天暦五年
源*庶明　正月卅日任権中納言（補任）
天暦六年
権守　従四位上源雅信　正月十一日任（補任・大鏡裏書）参議

天暦七年
権守　従四位上源雅信　ー見(補任)参議　十月十三日見(古今著聞集)　伊予守と見える*

天暦八年
守　従四位下源重光　三月十四日任(補任康保元年条)右近衛中将
権守　従四位上源雅信　ー見(補任)参議
権介　正五位下藤原頼忠　正月十四日任(補任応和三年条・大鏡裏書)右近衛少将
権少目　正六位上越智安材　ー任(魚魯・魚魯別録)

天暦九年
権守　従四位上源雅信　十二月廿二日叙正四位下(補任)参議

天暦十年
権守　従三位　大江維時　正月廿七日任(補任)参議式部権大輔

天徳元年
権守　従三位　大江維時　ー見(補任)参議式部権大輔

天徳二年
権守　従三位　大江維時　正月卅日辞式部大輔(補任)参議
権守　従四位下藤原伊尹　正月卅日任(補任天徳四年条)蔵人頭左近衛権中将春宮権亮　分脉は任伊予守とし、大鏡裏書は任紀伊権守に作る*
掾　永原重節　ー見(親信卿記天禄三年七月七日条)

天徳三年
権守　従三位　大江維時　ー見(補任)参議

天徳四年
守　従四位上藤原伊尹　八月九日任(補任・大鏡裏書)蔵人頭左近衛権中将　八月廿二日任参議(補任)　八月廿五日給中将伊予守兼字(補任・大鏡裏書)
守(権守カ)　正四位下藤原朝忠　正月廿四日任(補任)参議右衛門督

検非違使別当　*歌仙伝は正月任伊予権守に作る

掾　（姓欠）もりとき　三月廿日見（内裡歌合）

応和元年

守　従四位上藤原伊尹　正月廿五日任（補任）参議左近衛権中将　*補任ィは兼紀伊権守、摂関伝は任紀伊守、大鏡裏書は重任伊予守に作る

守（権守カ）　正四位下藤原朝忠　十二月二日叙従三位（補任）参議右衛門督検非違使別当

応和二年

守　従四位上藤原伊尹　正月廿二日任備中守（補任）参議左近衛権中将　四月廿五日見（山門堂舎記）*不審

権守　従三位　藤原朝忠　―見（補任）参議右衛門督検非違使別当　*検非違使補任は伊予守に作る

介　従五位下藤原済時　正月廿六日任（補任安和二年条）蔵人左近衛少将

応和三年

*藤原朝忠　五月（九ィ）四日任中納言（補任）

権守　従四位上源延光　九月四日任（補任康保三年条）蔵人頭右近衛権中将

権介　従五位上藤原為光　正月廿八日任（補任天禄元年条）蔵人右近衛少将

*伊予守公義（守義カ）　応和中見（禁秘抄）

康保元年

守　従四位上藤原守義　正月廿七日任（補任天禄三年条）

*藤原済時　三月廿七日任近江介（補任安和二年条）

康保二年

守　正四位下藤原伊尹　正月七日任（一条摂政御集）

康保三年

守　正四位下藤原伊尹　―見（補任）参議左近衛権中将

権介　従五位上藤原懐忠　九月十七日任（補任永祚元年条）左近衛少将

藤*原為光　正月廿七日任近江権介（補任天禄元年条）

康保四年

守　正四位下藤原伊尹　―見（補任）　参議左近衛権中将　正*月廿日任権中納言（補任）

守　正四位下藤原朝成　―見（補任）　参議右衛門督検非違使別当　九*月四日任中宮大夫、十月十一日叙従三位（補任）　異*補任は前年九月任伊勢権守とする

介　従五位下物部安国　十月九日見（別符宣抄）　左大史

安和元年

守　正四位下藤原斉敏　正月十三日任（補任）　参議　異*補任は伊予権守とする　六月十四日兼任治部卿（補任）　十一月三日見（魚魯）

権守　従三位　藤原朝成　十一月十四日任（補任）　参議右衛門督検非違使別当

藤*原懐忠　十一月廿七日叙正五位下（異補任寛弘六年条）

安和二年

守　正四位下藤原斉敏　二月十四日見（要略巻二六・魚魯）　参議治部卿　十一月十一日任左兵衛督、去卿（補任）

権守　従三位　藤原朝成　―見（補任）　参議右衛門督検非違使別当

天禄元年

守　正四位下藤原斉敏　正月廿八日兼任右衛門督補検非違使別当（補任）　参議、元左兵衛督　五月十八日服解、七月五日復任（補任）

権守　従三位　藤原朝成　―見（補任）　参議右衛門督検非違使別当　正*月廿七日任権中納言（補任）

権守　従三位　源重信　正月廿五日任（補任・大鏡裏書）　参議修理大夫　正月廿八日兼任大蔵卿（補任）

（権介）介　正五位下藤原懐忠　八月五日兼任右近衛少将（異補任寛弘六年条）　十*二月廿五日任讃岐権守（補任永祚元年条）

天禄二年

守　正四位下藤原斉敏　―見（補任）　参議右衛門督検非違使

別当

権守　従三位　源重信　―見（補任）参議大蔵卿修理大夫

天禄三年

*源重信　閏二月廿九日任権中納言（補任）

天延元年

守　従三位　藤原斉敏　正月廿八日任（補任）参議右衛門督
検非違使別当　二月十四日薨（補任）

権守　従三位　源重光　三月廿八日任（補任）参議、兼任右
衛門督

天延二年

守　従三位　源忠清　十月廿八日任（補任）参議　十二月
廿二日見（親信卿記）

権守　従三位　源重光　二月十七日補検非違使別当（補任）
参議右衛門督　二月廿日見（魚魯）　*天延三年か

権介　従五位上藤原道隆　二月七日任（補任永観二年条・大鏡
裏書）蔵人右衛門佐　*十月十一日任左近衛少将（補任同上）

天延三年

守　従三位　源忠清　正月廿六日兼任右衛門督（補任）参
議

権守　従三位　源重光　正月廿六日兼任左衛門督（補任）参
議検非違使別当、元右衛門督　二月廿五日見（要略巻七〇）

貞元元年

守　従三位　源忠清　―見（補任）参議右衛門督

守（介カ）　藤原倫寧　三月廿日見（石清水五―三七〇）

権守　従三位　源重光　―見（補任）参議左衛門督検非違使
別当

*藤原道隆　正月廿八日任備後権介（補任永観二
年条）

貞元二年

守　従三位　源忠清　―見（補任）参議右衛門督

権守　従四位下藤原時光　正月廿八日任（補任）参議　三月廿
*六日叙従四位上、五月一日任左兵衛督（補任）

天元元年
　　源忠清* 十月十七日任近江守(補任)
権守 従四位上藤原時光 －見(補任) 参議左兵衛督
天元二年
権守 従四位上藤原時光 －見(補任) 参議左兵衛督
介 源遠古 正月任(補任源惟正条)
権介 正五位下藤原実資 正月廿九日任(補任永祚元年条・大鏡裏書) 右近衛少将
天元三年
権守 従四位上藤原時光 －見(補任) 参議左兵衛督
天元四年
権守 従三位 藤原公季 十月十七日任(異補任長元二年条) 左近衛中将 補任*・大鏡裏書は十月十六日任播磨権守に作る
天元五年
守 正四位下大江斉光 正月卅日任(補任) 参議右大弁式部大輔 十二月四日叙従三位(補任)
権守 正四位下藤原佐理 正月卅日任(補任) 参議
　　藤原実資* 正月任備後介(補任永祚元年条)
永観元年
守 従三位 大江斉光 －見(補任) 参議右大弁式部大輔 八月辞式部大輔(補任)
権守 正四位下藤原佐理 正月廿七日任勘解由長官(補任) 参議
永観二年
守 従三位 大江斉光 十一月卅日任式部大輔(補任) 参議右大弁
権守 正四位下藤原佐理 正月廿九日任美作守(補任) 参議勘解由長官 *八月九日叙従三位(補任)
目 坂上伴(伊イ)任 －停(魚魯)
寛和元年

守　従三位　大江斉光　―見（補任）参議右大弁式部大輔

権守　従三位　藤原佐理　―見（補任）参議勘解由長官　*不審

寛和二年

権守　正四位下藤原公任　三月五日任（補任正暦三年条）左近衛権中将　*異補任万寿元年条は伊予守に作る　三月任（中古歌仙）

介　従四位下源遠右（古）　二月廿四日見（世紀）

土佐国

寛平元年

寛平二年

寛平三年

寛平四年

寛平五年

寛平六年

寛平七年

寛平八年

*前史生正六位上秦有世　二月廿五日見（平一八一）

寛平九年

掾　紀友則　正月十一日任（古今目録・歌仙伝）

昌泰元年

*紀友則　正月廿九日任少内記（古今目録・歌仙伝）

昌泰二年

昌泰三年

延喜元年

介　菅原高視　正月廿七日任（要略巻二二）　*左降、

元大学頭　―任（北野天神御伝）

延喜二年

権大目　従七位下丹波土成　―任（大成抄第四）

延喜三年

延喜四年

延喜五年

延喜六年

延喜七年

延喜八年

延喜九年

延喜十年

守　外従五位下惟良有之正月任（外記補任延喜九年条尻付）

国司補任　土佐国（延喜元年～同十九年）

延喜十一年

延喜十二年

延喜十三年

延喜十四年

守　外従五位下酒井人真正月十二日任（古今目録）

延喜十五年

延喜十六年

延喜十七年

酒*井人真　四月卒（古今目録）

延喜十八年

延喜十九年

延喜二十年

延喜二十一年

延喜二十二年

延長元年

延長二年

延長三年

延長四年

延長五年

延長六年

延長七年

延長八年

守　従五位下紀貫之　正月廿九日任（古今集序注）正月任（紀貫之集・古今目録・歌仙伝・袋草紙）―下向（土左日記）

承平元年

承平二年

承平三年

承平四年

守　従五位下紀貫之　十二月罷（紀貫之集）　十二月廿一日出立（土左日記）

守　従五位下島田公鑒　四月廿九日任（外記補任）元大外記

承平五年

承平六年

承平七年

天慶元年

天慶二年

天慶三年

天慶四年

天慶五年

守　外従五位下伊福部安近三月廿八日任（外記補任）元大外記

天慶六年

天慶七年

守　従五位下布瑠有平　十二月廿日任符請印（符宣抄第八）

天慶八年

天慶九年

掾　大中臣清光四月見（大日本史）

天暦元年

天暦二年

天暦三年

天暦四年

天暦五年

守　外従五位下雀部是連正月卅日任（外記補任・要略巻二五）元大外記

*前掾伴秋範　五月十一日見（平二五九）

天暦六年

天暦七年

天暦八年

天暦九年

守　外従五位下春道有方二月七日任（外記補任）元大外記

天暦十年

天徳元年

前*掾伴秋範　八月十五日見（平二一七〇）

天徳二年

天徳三年

天徳四年

応和元年

権守　源蕃基　五月十日見（扶桑）

応和二年

応和三年

康保元年

康保二年

康保三年

康保四年

安和元年

安和二年

天禄元年

天禄二年

天禄三年

天延元年

天延二年

天延三年

貞元元年

貞元二年
権守　従五位下藤原道綱　十月十一日任（補任永延元年条・紀略）元左衛門佐
天元元年
藤原道綱*　十月十七日還任左衛門佐（補任永延元年条）
介　従五位下大春日良辰　十一月十日見（東大寺一―二二六）左大史
天元二年
天元三年
故土佐守国公真*　二月二日見（平三一一五）
天元四年
守　藤原（時清）十月十日見（平四四〇）　藤原為賢*の父と見える
天元五年
永観元年
守　藤原元卓　七月廿三日復任（西宮記）
永観二年
寛和元年
寛和二年

大宰府

寛平元年
大弐　従四位上藤原保則　十二月廿六日見（平四五四九）
少弐　清原令望　十月一日見（扶桑）
少典　正六位上和尓安身　十二月廿六日見（平四五四九）
寛平二年

寛平三年
大弐　従四位上藤原保則　四月入京（藤原保則伝）
*藤原保則　四月十一日任左大弁（補任寛平四年条）
寛平四年
寛平五年
帥　是忠親王　五月廿二日見（紀略）
大弐　安倍興行　五月廿二日見（紀略）
権少弐　従五位下藤原興範　八月九日任（補任延喜十一年条）筑前守
寛平六年
権帥　従三位　藤原国経　四月十六日任（補任・紀略・古今目録）参議皇太后宮大夫　五月五日兼任権中納言（補任・古今目録）
元参議
少弐　従五位上清原令望　八月九日見（三代格）
寛平七年
権帥　従三位　藤原国経　―見（補任）権中納言皇太后宮大夫
少弐　従五位上清原令望　三月十三日見（三代格）
少弐　従五位下藤原興範　正月十一日任（補任延喜十一年条）
元権少弐
寛平八年
権帥　従三位　藤原国経　九月廿二日止皇太后宮大夫（補任）
権中納言
寛平九年
権帥　従三位　藤原国経　六月十九日兼任中納言（補任）元権中納言
昌泰元年
権帥　従三位　藤原国経　―見（補任）中納言
昌泰二年

権帥　従三位　藤原国経　―見（補任）中納言
大弐　小野葛綄（絃）　―見（大成抄第四）
少監　従六位上小野葛根　―任（大成抄第四）

昌泰三年

延喜元年

員外帥　従二位　菅原道真　正月廿五日任（補任・紀略・扶桑・要略巻二二・編年記・古今目録・大鏡・大鏡裏書・菅家御伝記・大臣補任・皇年代私記・梅城録・荏柄天神縁起・菅原氏系図・諸門跡譜・安楽寺縁起・松崎天神鎮座考・榻鴫暁筆・日本新国史）左遷、元右大臣右近衛大将　*奈良年代記は正月十九日任権帥、如是院年代記・北野縁起は正月廿九日任権帥、皇代略記・伊呂波字類抄は正月任帥、筑前州大宰府安楽寺菅丞相祠堂記は春任帥、和漢合図抜萃は二月廿五日任帥に作る
大弐　小野葛絃　七月十日見（扶桑）
少弐　従五位上藤原菅根　正月廿五日任（職事補任）左遷、元蔵人頭　正月任（古今目録）元蔵人頭左近衛少将　*補任延喜八年条は正月廿六日左貶大弐、元蔵人頭式部少輔右近衛少将に作る

延喜二年

大弐　従四位下藤原興範　正月廿六日任（補任延喜十一年条）
十月八日見（西宮記）

延喜三年

権帥（マヽ）　三品　是貞親王　七月廿五日薨（紀略）　*延長元年七月廿五日条に再録
権帥　従二位　菅原道真　二月廿五日薨（紀略・扶桑・大鏡裏書・菅原氏系図）　*梅城録は二月廿日薨に作る

延喜四年

監　藤原良忠　二月十日任春宮少進（扶桑・西宮記）

延喜五年

帥　三品　（名欠）親王十月一日見（平一九四）中務卿
大弐　従四位下藤原（興範カ）十月一日見（平一九四）
少弐　従五位上源輔行　十月一日見（平一九四）
少弐　従五位下藤原（名欠）十月一日見（平一九四）筑前守

大監　正六位上清原（名欠）十月一日見（平一九四）
大監　従六位上藤原百方　十月一日見（平一九四）
少監　正六位上平季方　十月一日見（平一九四）
大典　正六位上笠（名欠）　十月一日見（平一九四）
大典　正六位上秦光方　十月一日見（平一九四）
少典　正六位上御船資氏　十月一日見（平一九四）
少典　従六位上秦（名欠）　十月一日見（平一九四）

延喜六年
少弐　従五位下橘公頼　九月十七日任（補任延長五年条）

延喜七年
権帥　正四位下在原友于　五月一日任（補任）　参議
大弐　正四位下在原友于　正月十三日任（補任）　参議、元修理大夫　五月一日転権帥（補任）　八月一日見（西宮記）　*延喜五年に作る
　橘*公頼　正月十三日任備前権介（補任延長五年条）

延喜八年
権帥　正四位下在原友于　─見（補任）　参議

延喜九年
権帥　正四位下在原友于　─見（補任）　参議
少弐　従五位上平篤行　九月廿九日任（古今目録）　筑前守
少典　御船高相　十一月廿七日見（扶桑）

延喜十年
帥　（敦固）親王　正月廿三日見（貞信公記抄・北山抄）
権帥　正四位下在原友于　四月廿日卒（補任・紀略）　参議
大弐　従四位下橘澄清　五月廿九日任（補任延喜十三年条）
　平*篤行　正月卒（古今目録）

延喜十一年
　橘*澄清　二月十五日任勘解由長官（補任延喜十三年条）
大弐　従四位下源悦　二月十五日任（補任延喜十九年条）　四月見（紀略）　四月追位記（新儀式）　*延喜□年に作る

大弐　従四位上藤原興範　四月廿八日任（補任）参議、元式部大輔　九月廿四日叙正四位下（補任）

延喜十二年

大弐　正四位下藤原興範　―見（補任）参議

延喜十三年

帥　敦固親王　正月廿一日見（西宮抄・西宮記）

大弐　正四位下藤原興範　―見（補任）参議

前大弐源悦* 正月廿八日見（紀略）

延喜十四年

大弐　正四位下藤原興範　―見（補任）参議

美濃守源悦* 五月七日免本任放還（符宣抄第八）元大弐

延喜十五年

大弐　正四位下藤原興範　―見（補任）参議

国司補任　大宰府（延喜十一年～同二十一年）

延喜十六年

帥　（敦固）親王三月見（河海抄）　十一月廿七日見（親王御元服部類記）

藤原興範* 正月廿五日任弾正大弼（補任）

延喜十七年

帥　（敦固）親王三月十六日見（御遊抄）

延喜十八年

帥　（敦固）親王十月十九日見（西宮記）

延喜十九年

延喜二十年

帥　（敦固）親王六月八日見（河海抄）

大弐　従四位下藤原当幹　正月卅日任（補任延長元年条）

春道列樹* この年以前任大宰大典（古今目録）

延喜二十一年

大弐　藤原雅幹　六月廿一日見（伊呂波字類抄）当*幹か
少弐　藤原真材　六月廿一日見（伊呂波字類抄・八幡愚童訓・石清水文書筥崎宮縁起・筑前国続風土記）太*宰管内志は大弐に作る

延喜二十二年

延長元年
大弐　従四位下藤原当幹　正月十二日任参議、正月廿二日大弐如元（補任）－見（石清水文書筥崎宮縁起）
少弐　藤原真材　－見（石清水文書筥崎宮縁起）
故権帥菅*原道真　四月廿日贈正二位（紀略・扶桑）－復本官（皇年代私記）

延長二年
帥　（敦固）親王正月廿七日見（貞信公記抄）
大弐　従四位下藤原当幹　－見（補任）参議

延長三年
大弐　従四位上藤原扶幹　正月卅日任（補任）参議中宮大夫－見（魚魯・魚魯別録）

延長四年
大弐　従四位上藤原扶幹　五月廿一日見（扶桑）－見（補任）参議中宮大夫

延長五年
大弐　従四位上藤原扶幹　－見（補任）参議中宮大夫

延長六年
大弐　従四位上藤原扶幹　－見（補任）参議中宮大夫

延長七年
大弐　従四位上藤原扶幹　－見（補任）参議中宮大夫

延長八年
帥　（貞真）親王十二月廿一日見（西宮記・吏部王記）
大弐　従四位上藤原扶幹　十二月十七日遷左大弁（補任）参議

中宮大夫
大弐　従四位下源等　正月廿九日任（補任天暦元年条）

承平元年
帥　元長親王　九月廿四日見（醍醐寺雑事記・吏部王記）

承平二年
帥　（元長）親王正月廿二日見（貞信公記抄）

承平三年

承平四年

承平五年
権帥　正四位下橘公頼　二月廿三日任（補任）参議　十月一日見（西宮記・吏部王記）
*薩摩守正六位上藤原作則　六月十三日任符請印（符宣抄第八）
元大監　*承平三年見任か

承平六年
帥　四品　重明親王　九月十三日見（群載第一二）弾正尹
権帥　正四位下橘公頼　十一月七日叙従三位（補任）参議
監　菅原清鑒　―見（符宣抄第八天慶三年五月十日宣旨）

承平七年
権帥　従三位　橘公頼　―見（補任）参議　十月四日見（石清水二―二三二）*帥に作る
大典　惟宗（名欠）十月四日見（石清水二―二三二）
*源等　三月八日任弾正大弼（補任天暦元年条）

天慶元年
権帥　従三位　橘公頼　―見（補任）参議

天慶二年
権帥　従三位　橘公頼　八月廿七日兼任中納言（補任）元参議

天慶三年

権帥　従三位　橘公頼　―見（補任）中納言

大弐　従四位下源公忠　三月廿五日任（歌仙伝）

少弐　従五位下源経基　三月九日任（扶桑・編年記・和漢合図抜萃）

天慶四年

権帥　従三位　橘公頼　二月廿日薨（補任・紀略）中納言

*一代要記は三月廿日に作る　*源公忠　三月廿八日任近江守（歌仙伝）

大弐　正四位下源清平　三月廿八日任（補任）兼任参議、元右大弁　十二月廿三日見（世紀）

権少弐　源経基　九月十三日見（世紀十一月廿九日条）

天慶五年

大弐　正四位下源清平　―見（補任）参議　閏三月十九日見（世紀・西宮記）

大監　橘良風　四月廿五日叙従五位下（世紀）

天慶六年

帥　三品　成明親王　十二月六日任（皇年代略記・皇代記・皇年代私記）　十二月八日任（紀略・歴代皇紀・大鏡裏書・一代要記・紹運録）　十二月任（皇代略記）

大弐　正四位下源清平　―見（補任）参議

天慶七年

帥　三品　成明親王　正月七日見（西宮記・四節八座抄）　四月廿二日為皇太弟（紀略・西宮記・皇代略記・皇年代略記・大鏡裏書・紹運録）

大弐　正四位下源清平　―見（補任）参議

天慶八年

大弐　正四位下源清平　正月十三日卒（補任・紀略・北山抄）参議

大弐　従四位下小野好古　十月十四日任（補任天暦元年条）

*少弐藤原惟遠　源清平大弐任中見（符宣抄第一天元二年二月十四日官符）

天慶九年

帥　式明親王　十月廿八日見（大嘗会御禊部類記）

大弐　従四位下小野好古　十二月七日見（要略巻五一）

少弐　源経基　十一月廿一日見（貞信公記抄）

天暦元年

大弐　従四位下小野好古　正月九日見（紀略）　四月廿六日任参議（補任・紀略）　五月二日大弐如元（補任）　十二月廿五日復任（補任）

天暦二年

大弐　従四位下小野好古　｜見（補任）　参議

大監　紀理綱　正月卅日遷権少外記（外記補任）

天暦三年

大弐　従四位下小野好古　｜見（補任）　参議

天暦四年

帥　有明親王　五月廿四日見、閏五月一日見、七月廿三日見（御産部類記）

大弐　正四位下平随時　正月廿日任（補任）　参議、元修理大夫　二月任（異補任天暦七年条）　五月廿五日見、閏五月一日見（御産部類記）

天暦五年

大弐　正四位下平随時　二月十一日見（平二五八）　｜見（補任）　参議

天暦六年

大弐　正四位下平随時　｜見（補任）　参議

天暦七年

大弐　正四位下平随時　十二月十八日卒（補任）　参議

天暦八年

大弐　従四位上藤原朝忠　正月廿五日任（補任・吉記治承五年三月六日条）　参議　正月任（歌仙伝）　三月辞大弐（補任・歌仙伝）

大弐　従四位上藤原元名　三月十四日任（補任天徳二年条）

九月九日見（西宮記）

天暦九年

天暦十年

天徳元年

天徳二年

大弐　従四位上藤原元名　閏七月廿八日任参議（補任）

天徳三年

*帥有明親王　四月八日見（九条年中行事）　*時に兵部卿か

帥　（章明）親王二月廿二日見（九暦・紀略）　*章明親王勅授帯剣と見える　二月廿三（二ヵ）日見（北山抄）　*帥親王勅授帯剣と見える　八月十六日見（闘詩行事略記）

大弐　従四位上藤原元名　―去大弐（補任）　参議　十一月十五日見（北山抄）　*前大弐か

大弐　藤原国風　正月任（二中歴）　八月十六日見（闘詩行事略記）

*大弐国光　天徳中見（醍醐雑事記）　*天禄中か

天徳四年

大弐　正四位下小野好古　三月卅日見（内裡歌合）　*不審　四月廿三日任（補任）　参議、元左大弁弾正大弼　四月任（二中歴）　九月十九日見（扶桑）　九月廿八日見（西宮記）

応和元年

帥　（章明）親王閏三月見（文粋第八）　*都督大王とのみ見える

大弐　正四位下小野好古　―見（補任）　参議

応和二年

大弐　正四位下小野好古　正月七日叙従三位（補任）　参議

*少弐筑前守藤原永保　この頃見（長谷寺霊験記）

応和三年

大弐　従三位　小野好古　―見（補任）　参議

康保元年

大弐　従三位　小野好古　―見（補任）参議
大弐藤原佐忠*　―見（安楽寺草創日記）不審*

康保二年
大弐　藤原佐忠　正月任（二中歴）
前大弐小野好古*　―見（補任）

康保三年
大弐　藤原佐忠　閏八月十五日見（内裏謌合）十月廿日見（西宮記）
前大弐小野好古*　九月廿七日見（西宮記）

康保四年
少弐筑前守藤原忠邦*　康保頃見（平四六二三）
前大弐藤原高遠*　二月廿八日見（続詞花集）後の官を記すか

安和元年
致仕参議従三位大宰大弐小野好古*二月十四日薨（紀略）
国司補任　大宰府（康保元年～天禄二年）

安和二年
権帥　正二位　源高明　三月廿六日任（補任・編年記・扶桑・百錬抄・十三代要略・大鏡裏書・皇年代私記・皇年代略記・歴代皇紀・大臣補任・古皇代補任・栄花物語・愚管抄・かげろふ日記）左遷、元左大臣　紀略は三月廿五日に作る*　―任（紹運録・河海抄）

天禄元年
権帥　従三位　橘好古　正月廿五日任（補任）中納言、元民部卿　正月任（二中歴）師通記寛治六年九月二日条は天禄三年に作る*
大弐　従四位下藤原佐忠　三月廿三日召返（符宣抄第八）

天禄二年
帥　三品　広平親王　九月十日薨（紀略十月八日条）兵部卿
員外帥　源高明　十月廿九日召返（紀略）
権帥　従三位　橘好古　十一月二日任大納言、止帥（補任）元中納言

天禄三年
大弐　藤原国光　正月任（二中歴）　*永祚三年に作る
十月八日見（親信卿記）
*故権帥橘好古　二月廿七日薨奏（紀略）
*権帥源高明　四月廿日上洛（紀略・百錬抄）
天延元年
大監　藤原次廉　正月廿八日任（山槐記除目部類）
天延二年
*前帥源高明　八月十四日見（紀略）
*大弐藤原高遠　―見（編年記）　*後の官を記すか
天延三年
大弐　藤原（国章ヵ）十月十一日見（平三七五）
少監　藤原（名欠）十一月廿四日見（平三一〇）
貞元元年

帥　四品　致平親王　正月廿日任（法中傳系部集）
貞元二年
大弐　藤原国章　正月七日叙従三位（補任）
天元元年
大弐　従三位　藤原国章　―見（補任）
天元二年
大弐　従三位　藤原国章　―見（補任）
天元三年
大弐　従三位　*藤原国章　―見（補任）
少典　正六位上秦倫頼　―任（大成抄第四）
天元四年
大弐　従三位　藤原国章　―見（補任）　三月廿二日召返（符宣抄第八）
大弐　従四位上菅原輔正　正月廿九日任（補任正暦三年条・中

古歌仙）　―任（古今著聞集一―六）　―見（大成抄第四）
権少監　正六位上藤原永明　―任（大成抄第四）

天元五年

大弐　従四位上菅原輔正　正月六日叙正四位下（小右記）　正月七日叙正四位下（補任正暦三年条・中古歌仙）　三月五日兼任式部権大輔（小右記・補任同上）　三月十五日兼任式部権大輔（中古歌仙）　七月九日見（紀略）
*前権帥正二位源高明　十二月十六日薨（紀略）
*前大弐藤原国章　三月五日見（小右記）

永観元年

永観二年

大弐　正四位下菅原輔正　八月廿七日見（補任正暦三年条・中古歌仙）式部権大輔
少監　正六位上宇治奉政　秋任（大成抄第四）
権少監　正六位上平致忠　秋任（大成抄第一下）

寛和元年

寛和二年

権帥　正三位　藤原為輔　正月廿八日任（補任）　権中納言　八月廿六日薨（補任）　八月廿七日薨（紀略）
大弐　正四位下菅原（輔正）十二月十九日見（平三七五）　式部権大輔
大弐　藤原共政　正月任（二中歴）
*前大弐菅原輔正　三月五日見（紀略）
*大弐藤原高遠　―見（後葉和歌集巻三）　*寛弘二年の誤りか

筑前国

寛平元年

寛平二年

寛平三年

寛平四年

寛平五年
守　従五位下藤原興範　四月廿日任（補任延喜十一年条）
八月九日兼任大宰権少弐（補任同上）

寛平六年
守　文屋善友　九月見（興福寺略年代記）*見任の確証なし

寛平七年
*藤原興範　正月十一日任大宰少弐（補任延喜十一年条）

寛平八年

寛平九年

昌泰元年
守　従五位上在原棟梁　二月廿三日任（古今目録）二月廿四日任（中古歌仙）―卒（古今目録）

昌泰二年

昌泰三年

延喜元年

延喜二年

延喜三年

延喜四年

延喜五年
守　従五位下南淵茂景　正月十一日任（外記補任）元大外記
守　藤原（名欠）十月一日見（観世音寺資財帳）大宰少弐

延喜六年

延喜七年

大掾　都努有相　―任（大日本史）

延喜八年

守　従五位上平篤行　二月廿三日任（古今目録）元加賀守

延喜九年

守　従五位上平篤行　九月廿九日兼任大宰少弐（古今目録）

延喜十年

*平篤行　正月卒（古今目録）

延喜十一年

延喜十二年

延喜十三年

大目　正七位上田中穀種　―任（大成抄第四）

延喜十四年

延喜十五年

延喜十六年

延喜十七年

延喜十八年

延喜十九年

延喜二十年

延喜二十一年

*筑前介藤原村柏（椙カ）　この年以前見（筥崎宮縁起）

延喜二十二年

*筑前守藤原真樹　延喜中見（鎌一五七）

延長元年

延長二年

延長三年
延長四年
延長五年
延長六年
延長七年
延長八年
承平元年
承平二年
承平三年
承平四年
承平五年
承平六年
承平七年
天慶元年
天慶二年
伊予掾藤原純友*　―見（今昔巻二五）筑前守良範の子
天慶三年
天慶四年
権掾　藤原貞包　九月廿日任（世紀）
天慶五年
天慶六年
天慶七年

天慶八年

天慶九年

天暦元年

天暦二年

天暦三年

天暦四年

天暦五年　筑*前介紀忠宗　この年以前見（僧妙達蘇生注記・三宝絵詞）

天暦六年

天暦七年

天暦八年

権掾　正六位上下道冬樹　―任（大成抄第四）

天暦九年

天暦十年

天徳元年

天徳二年

天徳三年

天徳四年

応和元年　源*満仲　―見（今昔巻一九）筑前守経基の子

応和二年　筑*前守藤原永保の女　―見（長谷寺霊験記）

応和三年

康保元年

康保二年

康保三年

権守　従五位下藤原顕光　正月廿七日任（補任天延三年条・大鏡裏書）*異補任治安元年条は康保二年任に作る

康保四年

*藤原顕光　正月廿日任相摸介（異補任治安元年条）

安和元年

安和二年

天禄元年

天禄二年

天禄三年

天延元年

天延二年

天延三年

貞元元年

貞元二年

天元元年

天元二年

介　正六位上大蔵良生　―任（大成抄第四・魚魯）

天元三年

天元四年
守　（姓欠）忠信　五月廿二日見（小記目録）
天元五年
永観元年
掾　（姓欠）邦光　―停（大成抄第二下）
永観二年　筑*前介吉身安遠　永観中停（魚魯・魚魯別録）
寛和元年
寛和二年

筑後国

寛平元年
寛平二年
寛平三年
寛平四年
寛平五年
寛平六年
寛平七年
寛平八年
寛平九年
昌泰元年
昌泰二年
掾　正六位上藤原安名　―任（大成抄第四）
昌泰三年

延喜元年
延喜二年
権大目　大国常世　正月十一日任（魚魯）
延喜三年
延喜四年
延喜五年
延喜六年
延喜七年
延喜八年
延喜九年
延喜十年
延喜十一年
延喜十二年
延喜十三年
延喜十四年
延喜十五年
延喜十六年
延喜十七年
延喜十八年
延喜十九年
延喜二十年
延喜二十一年

延喜二十二年

守　従五位下和利親　八月任(外記補任延喜十九年条尻付)

延長元年

守　和利親　三月見(筑後国神名帳)　三月十九日見(高良社文書)

延長二年

延長三年

延長四年

守　藤原行並　七月十二日見(西宮記)

延長五年

延長六年

延長七年

延長八年

承平元年

守　和気雅文　四月十七日見(紀略・西宮記・北山抄)

承平二年

守　和気雅文　正月廿七日見(貞信公記抄)

承平三年

承平四年

承平五年

承平六年

承平七年

天慶元年

天慶二年

天慶三年

天慶四年

天慶五年

守　外従五位下吉志公忠四月廿五日叙従五位下（世紀）

権掾　小野傳説　十二月十七日任（外記補任天徳二年条）

天慶六年

守　従五位下吉志公忠　五月十九日見（筑後国神名帳・高良社文書）

天慶七年

守　従五位下吉志公忠　四月廿二日見（筑後国神名帳・高良社文書）

掾　正六位上秦（名欠）　四月廿二日見（筑後国神名帳・高良社文書）

天慶八年

天慶九年

天暦元年

天暦二年

天暦三年

天暦四年

天暦五年

天暦六年

天暦七年

天暦八年

天暦九年

天暦十年

天徳元年

天徳二年

天徳三年

天徳四年

応和元年

応和二年

応和三年

康保元年

康保二年

康保三年

康保四年

安和元年

安和二年

天禄元年

天禄二年

天禄三年

権守　従五位下平惟仲　正月廿四日任（異補任寛弘二年条）
二月十九日任（補任正暦三年条）

天延元年

天延二年

天延三年　*平惟仲　正月廿六日任相摸介（補任正暦三年条）

権守　従五位下平親信　正月廿六日任（補任長保三年条）

貞元元年

貞元二年　*平親信　正月廿日任阿波守（補任長保三年条）

天元元年　*前掾秦兼平　十一月十三日見（平三一一三）

天元二年

天元三年

天元四年

守　藤原文信　十月十七日任（小右記天元五年二月廿五日条）

天元五年

守　藤原文信　二月廿五日見（小右記）

永観元年

永観二年

寛和元年

寛和二年

豊前国

寛平元年

寛平二年

寛平三年

寛平四年

寛平五年
守　従五位下藤原興範　正月十一日任（補任延喜十一年条）
*四月廿日任筑前守（補任同上）
寛平六年
寛平七年
守　藤原会　十一月十七日見（平四五四九）
介　藤原（名欠）十一月十七日見（平四五四九）
掾　藤原（名欠）十一月十七日見（平四五四九）
権掾　国前守利　十一月十七日見（平四五四九）
大目　紀（名欠）　十一月十七日見（平四五四九）
寛平八年
寛平九年
昌泰元年
少目　従七位上蓼原房継　―任（大成抄第一下）
国司補任　豊前国（寛平五年〜延喜九年）
昌泰二年
昌泰三年
延喜元年
延喜二年
延喜三年
延喜四年
延喜五年
延喜六年
延喜七年
延喜八年
延喜九年

延喜十年
延喜十一年
守　藤原是房　四月廿二日見（石清水五―六二二）
延喜十二年
前守大神（名欠）六月五日見（叡岳要記）*
延喜十三年
守　藤原是房　十二月廿九日見（石清水五―六二三）
介　藤原泰房　十二月廿九日見（石清水五―六二三）
権掾　八多有臣　十二月廿九日見（石清水五―六二三）
延喜十四年
延喜十五年
延喜十六年
延喜十七年
延喜十八年
延喜十九年
国司　（姓欠）惟房　―見（八幡宇佐宮御託宣集）
延喜二十年
延喜二十一年
延喜二十二年
延長元年
延長二年
延長三年
延長四年

延長五年
延長六年
延長七年
延長八年
承平元年
承平二年
承平三年
承平四年
承平五年
承平六年
承平七年
天慶元年
天慶二年
天慶三年
天慶四年
天慶五年
天慶六年
天慶七年
天慶八年
天慶九年
天暦元年
守　橘仲遠　八月二日見（紀略）

天暦二年
権守　従五位下藤原為輔　正月卅日任（補任天延三年条）
天暦三年
天暦四年
藤原為輔*　七月五日任因幡守（補任天延三年条）
天暦五年
権介　外従五位下物部広連正月卅日任（要略巻二五）元左大史
天暦六年
天暦七年
天暦八年
天暦九年
天暦十年
天徳元年
天徳二年
藤原清正*　七月卒（歌仙伝）歴任豊前守か
拾遺和歌集*に豊前守藤原まさたと見える
天徳三年
天徳四年
応和元年
応和二年
応和三年
康保元年
康保二年
康保三年

康保四年

安和元年

安和二年

天禄元年

天禄二年

天禄三年

天延元年

天延二年

天延三年

貞元元年

介　従五位下大原忠亮　正月廿八日任（外記補任）元大外記

貞元二年

守　従五位下小野時遇　十二月任（外記補任天延元年条尻付）

天元元年

天元二年

掾　藤原守雅　―停（大成抄第二下・魚魯）

掾　菅原成生　―任（大成抄第二下・魚魯）

*前掾長尾（名欠）十月二日見（平三一四）

天元三年

天元四年

権介　正六位上菅原為忠　―任（大成抄第四）

天元五年

永観元年

永観二年
大目　正六位上物部利忠　―任（魚魯）元兵部史生
寛和元年
寛和二年

豊後国

寛平元年
寛平二年
寛平三年
寛平四年
寛平五年
寛平六年
寛平七年
寛平八年
寛平九年
昌泰元年
昌泰二年
昌泰三年
延喜元年
延喜二年
正六位上大中臣文通* 九月十三日任権大司（類聚大補任）
豊後守笠作の孫
延喜三年
延喜四年

延喜五年
延喜六年
延喜七年
権介　正六位上藤原春成　―任（大成抄第二下）
延喜八年
延喜九年
延喜十年
延喜十一年
延喜十二年
前司藤原世武*　―見（要略巻五七）
延喜十三年
延喜十四年
守　従五位下紀貞助　正月十二日任（外記補任）元大外記
延喜十五年
延喜十六年
延喜十七年
延喜十八年
延喜十九年
延喜二十年
延喜二十一年
延喜二十二年
延長元年

延長二年
延長三年
延長四年
延長五年
延長六年
延長七年
延長八年
承平元年
承平二年
承平三年
承平四年
承平五年
承平六年
承平七年
天慶元年
天慶二年
天慶三年
天慶四年
天慶五年
天慶六年
天慶七年
天慶八年

天慶九年
天暦元年
天暦二年
守　従五位下賀茂安国　正月卅日任（外記補任）元大外記
*十二月任大隅守（外記補任）
天暦三年
天暦四年
天暦五年
天暦六年
天暦七年
天暦八年
権掾　菅原良樹　―停（大成抄第二下）*魚魯は菅原武樹に作る
権掾　従七位上高向如吉　―任（大成抄第二下・魚魯）
天暦九年
天暦十年
天徳元年
天徳二年
天徳三年
天徳四年
応和元年
守　従五位下橘恒平　閏三月十七日任（補任永観元年条）
応和二年
応和三年

康保元年

康保二年

守　従五位下橘恒平　三月三日見（平二八五）

介　藤原（名欠）三月三日見（平二八五）

掾　上毛野（名欠）三月三日見（平二八五）

権掾　藤原（名欠）三月三日見（平二八五）

大目　生部（名欠）三月三日見（平二八五）

少目　大原（名欠）三月三日見（平二八五）

康保三年

守　従五位下橘恒平　正月卅日辞（補任永観元年条）

康保四年

安和元年

権介　外従五位下桜島忠信十二月十八日任（外記補任）元大外記

安和二年

天禄元年

天禄二年

天禄三年

天延元年

天延二年

天延三年

貞元元年

貞元二年

天元元年

介　正六位上佐波部致明　秋任（大成抄第四）

天元二年

天元三年
天元四年
天元五年
永観元年
永観二年
寛和元年
寛和二年

肥前国

寛平元年
介　外従五位下春道新名正月十一日任（古今目録）
寛平二年

寛平三年
寛平四年
寛平五年
寛平六年
寛平七年
寛平八年
寛平九年
昌泰元年
掾　橘良利　四月十日出家（大鏡・大鏡裏書）
昌泰二年
昌泰三年

延喜元年
延喜二年
延喜三年
守　従五位下小野保衡　正月十一日任（外記補任）元大外記
延喜四年
延喜五年
（守）　小野保衡　正月任（要略巻五九）
延喜六年
延喜七年
延喜八年
権介　源成時　－見（大日本史）
権介　藤原盛注　－任（大日本史）

延喜九年
守　従五位下伴保平　四月廿三日任（補任天慶二年条）
延喜十年
伴保平*　正月十三日任諸陵頭（補任天慶二年条）
延喜十一年
（守）　小野保衡　三月十九日得替（要略巻五九）
（守）　藤原高堪　八月廿六日見（要略巻五九）
延喜十二年
延喜十三年
前司小野保衡*　十一月五日見（要略巻五九）
新司藤原高堪*　十一月五日見（要略巻五九）
延喜十四年
大目　正六位上長我孫豊宝－任（大成抄第三下）

延喜十五年

延喜十六年

延喜十七年

守　外従五位下菅野清方十一月任（外記補任承平四年条）

延喜十八年

延喜十九年

延喜二十年

延喜二十一年

延喜二十二年

延長元年

延長二年

延長三年

延長四年

延長五年

延長六年

延長七年

延長八年

承平元年

承平二年

承平三年

承平四年

承平五年

承平六年

承平七年

天慶元年

天慶二年

天慶三年

天慶四年

天慶五年

天慶六年

天慶七年

天慶八年

天慶九年

天暦元年

天暦二年

守　正五位下藤原経臣　―任（宝篋院陀羅尼伝来記）元丹波守

天暦三年

天暦四年

天暦五年

守　正五位下藤原経臣　―卒（宝篋院陀羅尼伝来記）

守　従五位下平元平　―任（宝篋院陀羅尼伝来記）元宮内大輔

天暦六年

掾　正六位上紀良常　五月廿八日見（八幡祠官俗官幷所司系図）

天暦七年
天暦八年
天暦九年
天暦十年
守　従五位上多治実相　正月廿七日任（外記補任）元大外記
―任（宝篋院陀羅尼伝来記）*元大和守に作る
天徳元年
天徳二年
天徳三年
天徳四年
応和元年
守　従五位下源相観　―任（宝篋院陀羅尼伝来記）元民部丞

応和二年
応和三年
康保元年
康保二年
康保三年
守　従五位上平佐忠　―任（宝篋院陀羅尼伝来記）元長門守
掾　正六位上長岑忠親　―任（大成抄第二上）元肥後少掾
康保四年
安和元年
安和二年
権守　従五位下在原陣俊　九月廿三日見（天祚礼祀職掌録）

天禄元年

掾　従七位上長岑忠親　春任（魚魯）元肥後少掾

天禄二年

天禄三年

天延元年

天延二年

天延三年

貞元元年

貞元二年

介　別種国　三月任（大成抄第二上）

天元元年

天元二年

介　正六位上別種国　―更任（大成抄第二上）

天元三年

天元四年

天元五年

永観元年

守　従五位下平維叙　八月任、九月十三日見（符宣抄第八）

永観二年

守　従五位下中原致時　十月卅日任（外記補任）元大外記

*安野有道　永観中任肥前介（魚魯・魚魯別録）

寛和元年

寛和二年

肥後国

寛平元年

寛平二年

寛平三年

介　従五位下三善清行　正月卅日任（補任延喜十七年条）

寛平四年

介　従五位下三善清行　八月十日見（紀略・西宮記）

寛平五年

権守　従四位下平惟範　三月十五日任（補任延喜二年条）式部大輔

　*三善清行　正月十一日任備中介（補任延喜十七年条）

寛平六年

寛平七年

寛平八年

寛平九年

権守　正五位下藤原忠平　二月任（異補任天暦三年条）*補任昌泰三年条は備後権守に作る

昌泰元年

昌泰二年

昌泰三年

延喜元年

延喜二年

権少目　従七位下長岑利用　―遷中務少主鈴（大成抄第八下）

権少目　従七位下柿下利見　―任（大成抄第八下）元中務少主鈴

延喜三年

国司補任　肥後国（延喜四年～同二十二年）

延喜四年

延喜五年

延喜六年

延喜七年

延喜八年

延喜九年

守　多治是則　正月任（外記補任延喜六年条尻付）

延喜十年

延喜十一年

延喜十二年

延喜十三年

権少掾　源滋　―任（大成抄第一上）

延喜十四年

延喜十五年

延喜十六年

延喜十七年

*前司多治是則　―見（要略巻五四）

延喜十八年

延喜十九年

延喜二十年

延喜二十一年

延喜二十二年

*肥後守（姓欠）良氏　延喜中延任（北山抄）

延長元年

延長二年

延長三年

介　藤原令問　―任（魚魯・魚魯別録）

延長四年

守　藤原行直　十月二日見（西宮抄）

延長五年

延長六年

延長七年

延長八年

承平元年

承平二年

承平三年

承平四年

承平五年

承平六年

承平七年

天慶元年

天慶二年

伊勢守藤原繁時*　七月二日叙正五位下（貞信公記抄）

肥後功課*

天慶三年

天慶四年

天慶五年

天慶六年
守　藤原時佐　三月七日任符請印（符宣抄第八）元
主殿頭

天慶七年

天慶八年

天慶九年
＊肥後守藤原ときすけこの年以前見（紀貫之集）

天暦元年
権守　藤原佐忠　六月廿日見（醍醐寺要書）

天暦二年
権守　藤原佐忠　三月廿六日見（醍醐寺要書）

天暦三年

天暦四年

天暦五年

天暦六年

天暦七年

天暦八年

天暦九年

天暦十年

天徳元年

天徳二年

天徳三年

天徳四年

応和元年

応和二年

応和三年

康保元年

康保二年

康保三年

少掾　正六位上長岑忠親　―遷肥前掾（大成抄第二上）

康保四年

安和元年

安和二年

天禄元年

少掾　従七位上長岑忠親　春遷肥前掾（魚魯）

天禄二年

天禄三年

天延元年

天延二年

天延三年

貞元元年

貞元二年

天元元年

権介　藤原遠美　秋辞（大成抄第二下）

権介　正六位上藤原頼兼　秋任（大成抄第二下）

天元二年

*僧正寛静　十月十一日寂（東寺長者補任・仁和寺諸院家記）　肥後守源浮の子

天元三年

天元四年

守　従五位上平惟仲　十月廿六日任（補任正暦三年条）

天元五年

永観元年

少掾　正六位上藤原保美　｜任（大成抄第二下）

永観二年

寛和元年

寛和二年

守　従五位上清原元輔　正月任（歌仙伝）

日向国

寛平元年

寛平二年

寛平三年

寛平四年

寛平五年

寛平六年

寛平七年

寛平八年

寛平九年

昌泰元年

目　長谷部安道　正月任（魚魯）

昌泰二年

昌泰三年

延喜元年

延喜二年

延喜三年

延喜四年

延喜五年

延喜六年

延喜七年

延喜八年

延喜九年

延喜十年

延喜十一年

延喜十二年

延喜十三年

延喜十四年

延喜十五年

延喜十六年

延喜十七年

延喜十八年

延喜十九年

延喜二十年

延喜二十一年

延喜二十二年

延長元年
延長二年
延長三年
延長四年
延長五年
延長六年
延長七年
延長八年
承平元年
承平二年
承平三年
承平四年
承平五年
承平六年
承平七年
守　従五位下多治実相　二月八日任（外記補任）元大外記
天慶元年
天慶二年
天慶三年
天慶四年
天慶五年
天慶六年

天慶七年
天慶八年
天慶九年
天暦元年
天暦二年
天暦三年
天暦四年
天暦五年
天暦六年
天暦七年
天暦八年

掾　紀公頼　―秩満（大成抄第二上）

天暦九年
天暦十年
天徳元年
天徳二年
天徳三年
天徳四年
応和元年
応和二年
応和三年
康保元年

康保二年

康保三年

康保四年

安和元年

安和二年

天禄元年

天禄二年

天禄三年

天延元年

天延二年

守　橘倚平　八月十日見（文粋第一二・天台霞標三編）

天延三年

守　橘倚平　五月十一日見（文粋第一二・天台霞標三編）

貞元元年

貞元二年

天元元年

天元二年

天元三年

天元四年

天元五年

権介　正六位上藤原保輔　―更任（大成抄第二上）

永観元年

永観二年

寛和元年

寛和二年

大隅国

寛平元年

寛平二年

寛平三年

寛平四年

寛平五年

寛平六年

寛平七年

寛平八年

寛平九年

昌泰元年

昌泰二年

昌泰三年

延喜元年

延喜二年

延喜三年

延喜四年

延喜五年

延喜六年

延喜七年

延喜八年

延喜九年

延喜十年

延喜十一年

延喜十二年

延喜十三年

延喜十四年

出雲守凡河内弘恒*五月七日任符請印（符宣抄第八）元

大隅守

延喜十五年

延喜十六年

延喜十七年

延喜十八年

延喜十九年

延喜二十年

延喜二十一年

延喜二十二年

延長元年

延長二年

延長三年

延長四年

延長五年

延長六年

延長七年

守　外従五位下尾張貞恒　正月任（外記補任延長六年条尻付）

延長八年

承平元年

承平二年

承平三年

承平四年

承平五年

承平六年

承平七年

天慶元年

天慶二年

守　善道維則　五月廿二日見、十二月廿七日見（符宣抄第七）

天慶三年

天慶四年

天慶五年

天慶六年

天慶七年

天慶八年

天慶九年
天暦元年
天暦二年
守　従五位下賀茂安国　十二月任（外記補任）
天暦三年
天暦四年
天暦五年
天暦六年
天暦七年
天暦八年
天暦九年
天暦十年
天徳元年
天徳二年
天徳三年
守　外従五位下国公真　正月廿六日任（外記補任）元大外記
天徳四年
応和元年
応和二年
応和三年
康保元年
康保二年

康保三年

康保四年

安和元年

桜島忠信* 十二月十八日任豊後権介（外記補任）

*拾遺和歌集に大隅守桜島忠信と見える、この年以降任か

安和二年

天禄元年

天禄二年

天禄三年

天延元年

天延二年

天延三年

貞元元年

貞元二年

天元元年

天元二年

天元三年

守　従五位下ヵ弓削仲宣 正月廿九日任（外記補任天延二年条尻付）

天元四年

権掾　村主貞信　十月任（大成抄第二下）

天元五年

永観元年

永観二年

寛和元年

寛和二年

薩摩国

寛平元年

寛平二年

寛平三年

寛平四年

寛平五年

寛平六年

寛平七年

寛平八年

掾　酒井人真　正月廿三日任（古今目録）

寛平九年

昌泰元年

昌泰二年

昌泰三年

延喜元年

延喜二年

延喜三年

延喜四年

延喜五年

延喜六年

延喜七年

延喜八年

延喜九年

延喜十年

延喜十一年

延喜十二年

延喜十三年

延喜十四年

延喜十五年

延喜十六年

延喜十七年

延喜十八年

権掾　大国安国　―任（大成抄第二上）

延喜十九年

延喜二十年

権掾　大国安国　―停（大成抄第二上）

権掾　藤原直生　―任（大成抄第二上）

延喜二十一年

延喜二十二年

延長元年

延長二年

権掾　藤原直生　―計歴（大成抄第二上）

延長三年

権掾　正六位上藤原直生　―更任（大成抄第二上）

延長四年

延長五年

延長六年

延長七年

延長八年

承平元年

承平二年

承平三年

承平四年

承平五年

守　正六位上藤原作則　六月十三日任符請印（符宣抄第八）

元大宰大監

承平六年

承平七年

天慶元年

天慶二年

天慶三年

天慶四年

守　源師之　十月廿七日復任（世紀）

天慶五年

天慶六年

天慶七年
天慶八年
守　従五位下多治文正　十一月廿八日任（外記補任）元大外
記
天慶九年
天暦元年
天暦二年
天暦三年
天暦四年
天暦五年
天暦六年
天暦七年
天暦八年
天暦九年
天暦十年
天徳元年
天徳二年
天徳三年
天徳四年
応和元年
応和二年
応和三年
康保元年

康保二年
康保三年
康保四年
守　従五位下小野之盛　正月任（外記補任康保二年条尻付）
安和元年
安和二年
天禄元年
天禄二年
天禄三年
天延元年
天延二年
天延三年
貞元元年
貞元二年
天元元年
天元二年
天元三年
天元四年
権掾　正六位上丹波連理　―任（魚魯）
天元五年
永観元年
永観二年

寛和元年
寛和二年

壱岐島

寛平元年
寛平二年
寛平三年
寛平四年
寛平五年
寛平六年
寛平七年
寛平八年
寛平九年
昌泰元年
昌泰二年
昌泰三年
延喜元年
延喜二年
延喜三年
延喜四年
延喜五年
延喜六年
延喜七年

延喜八年

延喜九年

延喜十年

延喜十一年

延喜十二年

延喜十三年

延喜十四年

延喜十五年

延喜十六年

延喜十七年

延喜十八年

延喜十九年

延喜二十年

守カ　春道列樹　正月卅日任（古今目録）

延喜二十一年

延喜二十二年

延長元年

延長二年

延長三年

延長四年

延長五年

延長六年

延長七年

延長八年

承平元年

承平二年

承平三年

承平四年

承平五年

承平六年

承平七年

天慶元年

天慶二年

守　菅原清鑒　十二月任（符宣抄第八天慶三年五月十日宣旨）

天慶三年

守　正六位上菅原清鑒　五月十日見（符宣抄第八）

天慶四年

天慶五年

*大宰大監橘良風　四月廿五日叙従五位下（世紀）壱*岐功課

天慶六年

天慶七年

天慶八年

天慶九年

天暦元年
天暦二年
天暦三年
掾　紀（名欠）　四月見（大日本史）
天暦四年
前司（姓欠）如松*　閏五月四日見（西宮記）
天暦五年
天暦六年
天暦七年
天暦八年
天暦九年
天暦十年
天徳元年
天徳二年
天徳三年
天徳四年
応和元年
応和二年
応和三年
康保元年
康保二年
康保三年
康保四年

安和元年
安和二年
天禄元年
天禄二年
天禄三年
天延元年
天延二年
守　　宇佐守節　四月十日任（親信卿記）
天延三年
貞元元年
貞元二年

天元元年
天元二年
天元三年
守　　大中臣当行正月任（二所太神宮例文）
天元四年
天元五年
永観元年
永観二年
寛和元年
寛和二年

対馬島

寛平元年
寛平二年
寛平三年
寛平四年
寛平五年
寛平六年
守　文室善友　九月五日見（扶桑）
前守田村高良*　九月五日見（扶桑）
寛平七年
寛平八年
寛平九年
昌泰元年
昌泰二年
昌泰三年
延喜元年
延喜二年
延喜三年
延喜四年
延喜五年
延喜六年
目　従八位上豊国春行　―任（大成抄第四）
延喜七年

延喜八年
延喜九年
守　多治有根　―見（西宮記）
延喜十年
延喜十一年
延喜十二年
延喜十三年
延喜十四年
延喜十五年
延喜十六年
延喜十七年
延喜十八年
延喜十九年
延喜二十年
延喜二十一年
延喜二十二年
延長元年
延長二年
延長三年
延長四年
延長五年
延長六年

延長七年

守　坂上経国　正月十三日見、五月十七日見（扶桑）

延長八年

承平元年

承平二年

承平三年

承平四年

承平五年

承平六年

承平七年

天慶元年

天慶二年

天慶三年

天慶四年

天慶五年

天慶六年

天慶七年

天慶八年

天慶九年

天暦元年

天暦二年

天暦三年

天暦四年
天暦五年
天暦六年
天暦七年
天暦八年
天暦九年
天暦十年
天徳元年
天徳二年
天徳三年
天徳四年
応和元年
応和二年
応和三年
康保元年
康保二年
康保三年
康保四年
安和元年
安和二年
天禄元年
天禄二年

天禄三年

天延元年

天延二年

天延三年

貞元元年

貞元二年

天元元年

天元二年

天元三年

天元四年

天元五年

永観元年

永観二年

寛和元年

寛和二年

守　従五位下ヵ立野有頼正月任（外記補任天延三年条尻付）

平成二年三月三十日　第一刷発行
平成十二年二月十日　第二刷発行

定価八、〇〇〇円（税別）

国司補任　第三

編者　宮《みや》崎《ざき》康《やす》充《みつ》

編者略歴

昭和25年２月　東京都生れ。
昭和48年３月　学習院大学文学部史学科卒業。
昭和52年７月　同大学院博士課程中退、宮内庁書陵部に勤務、現在に至る。
著作論文等
「古代末期における美濃源氏の動向」「記録に見える国司（受領）の表記の混乱」「白河・鳥羽院政期の検非違使佐」その他

発行者　太田史

製版所　続群書類従完成会製版部

印刷所　東京都豊島区南大塚二丁目三五番七号
株式会社平文社

発行所　東京都豊島区北大塚一丁目一四番六号
株式会社　続群書類従完成会
電話＝東京(3915)五六二一　振替＝東京二－六二六〇七

ISBN4-7971-0643-3

史料纂集

舜旧記

鎌田純一・藤本元啓校訂

完結 全八冊 四〇、六〇〇円

吉田兼右の子、兼見の弟、神道家梵舜（一五五三―一六三二）の三十歳より没年までの日記。京都吉田山下の神龍院の住職で、兄兼見とともに豊国社の創立に功労があり、のちに家康に神道伝授を約束した事もあった。元和二年（一六一六）家康を久能山に葬った際、天海と争った事は有名である。朝廷にも関係があり、当時の中央における諸般の情勢をみる上で最も貴重な資料の一つである。

妙法院日次記

妙法院史研究会（村山修一・今中寛司・杣田善雄・三崎義泉）校訂

全二十冊 第一～十五既刊 一六三、〇〇〇円

京都東山七条にある天台の名刹妙法院の坊官が、寛文十二年（一六七二）より明治九年（一八七六）まで約二百年にわたって書継いできた同寺の記録。本書は、寺の歴史だけに止まらず、朝廷・公家・京都所司代・町奉行などの動勢や、幕府の公家政策、京都の庶民生活、学問・芸術にわたる文化人の活動、天変天災の実情等、広汎な内容を含み、学界未知の史料が少なくない。

通兄公記

今江広道・藤森馨・平井誠二校訂

全十冊 第一～六既刊 五五、〇〇〇円

右大臣従一位久我通兄（一七〇九―一七六一）の、享保九年（一七二四）から歿年に至るまでの日記を宮内庁書陵部所蔵の自筆原本によって翻刻する。通兄は通誠の孫にあたり、朝廷は中御門・桜町・桃園天皇の治世、幕府の将軍は吉宗・家重の時代にあたり、朝幕関係の良好な時期であった。通兄は議奏や武家伝奏として枢機に参画しており、記事には見るべきものが多いのが特色。

国史館日録

山本武夫校訂

A5判上製

全五冊 第一～四既刊 三八、〇〇〇円

林羅山の子、鵞峯の寛文二年（一六六二）から同十年（一六七〇）に至る日記。『本朝通鑑』編纂の幕命を受けてより、完成及び残務始末に至る間の記事を主とし、あわせて家塾私事も記す。その編集所を国史館としたので、この名がある。この日記は、その始終について毎日詳細に記され、その経緯を知るに重要な史料である。修史関係のみでなく、幕政・幕閣や諸大名の人物論等も見られる。

長興宿禰記

飯倉晴武校訂

A5判上製

全一冊 九、〇〇〇円

官務家の小槻（大宮）長興（一四一二―一四九九）の日記。文明七年（一四五七）から長享元年（一四八七）にわたる写本が伝存する。朝廷の儀式関係に詳しく、また応仁・文明の乱末期以降の京都の動静が詳述されている。同族の壬生家との官務・氏長者相論、足利将軍家の儀式次第、祭礼・遊宴・災害や徳政一揆のありさまなど、この時期の社会を知る貴重な史料である。詳細な索引を付す。

史料纂集

泰重卿記　全三冊
武部敏夫・川田貞夫・本田慧子校訂
A5判上製　第一〜二既刊　一六、〇〇〇円

陰陽頭土御門泰重（一五八六―一六六一）の日記。慶長二十年から正保五年におよぶ。その家の職務とする陰陽道・天文道関係の記事もさることながら、公家の記録の少ない江戸時代初期の宮廷内における学問・芸能の講習をはじめ、学芸関係の記事に詳しく、また時あたかも徳川幕府の創業期にあたり、当時の公家社会と朝幕関係を見るべき好資料である。

鹿苑院公文帳　全一冊
今泉淑夫校訂
A5判上製　一〇、〇〇〇円

本書は日本の禅宗制度における五山・十刹・諸山の別にしたがって、室町中期から江戸時代にかけての各寺の住持任命書である公帖を受領した僧名を、原則として年代順に列記し、公帖発給の年月日とその事情などを付記したものである。今回新発見の相国寺慈照院所蔵本を底本として刊行する。各人の公帖を検討することにより、禅宗寺院の制度の推移や任命の事情を知ることができる。

慶長日件録　全二冊　完結
山本武夫校訂
A5判上製　一二、二〇〇円

式部少輔船橋秀賢（一五七五―一六一四）の慶長五年から同十八年におよぶ日記。船橋（高倉）家は清原氏にして明経道の家。秀賢は、儒学者として知られる宣賢四代の孫で、後陽成・後水尾両天皇の侍読を勤めた碩学である。そのため本記は、朝廷・廷臣の学問に関する記事に富み、近世初頭における学芸関係史料として重んぜられる。また、当時の世情を知る史料としても利用価値が高い。

北野神社文書　全一冊
田沼睦校訂　筑波大学所蔵文書(上)
A5判上製　九、〇〇〇円

筑波大学付属図書館所蔵で、北野天満宮旧蔵の古文書三二四通を編年に収録する。北野天満宮の社領に関するもの、神人関係では西京酒麴座に関するものを含む。ほかに連歌史料や、織田信長・豊臣秀吉・徳川家康の朱黒印状などがある。本文書は、中世の文化史・社会経済史を研究する上で重要な史料であり、史料纂集古記録編の『北野社家日記』と併読すると、より一層有用である。

石清水八幡宮文書外　全一冊
田沼睦校訂　筑波大学所蔵文書(下)
A5判上製　八、〇〇〇円

筑波大学付属図書館所蔵の京都石清水八幡宮祠官田中家に伝来の古文書八八通、千葉県佐原市の香取神宮社家大宮司家伝来の八通、京都長福寺伝来の五通と、雑文書五五通の計一五六通を編年に収録する。上・下巻合計で四八〇点におよぶ。それぞれの寺社に所蔵される古文書群とあわせみることにより、正文と案文の関係等、より研究が進むだろう。巻末に上・下巻あわせた解説・索引付。

永井晋編

官史補任

全一冊

Ａ5判上製　一〇、〇〇〇円

正暦元年(九九〇)より建武三年(一三三八)までの太政官弁官局の史の補任次第書である。諸記録にあたり、出典をあげて現任の位階・氏名・任日・兼官のみならず、前官・史巡・叙爵も載せ、新編集刊行するものである。巻末に各人の履歴を表す官史考証、詳細な人名索引と解説、官史系図を付して刊行する。

宮崎康充編

検非違使補任

全二冊

Ａ5判上製　第一　七、〇〇〇円　第二　九、〇〇〇円

弘仁七年(八一六)より元弘三年(一三三三)までの検非違使を数多の史料より抽出し、姓名・本官・位階・任免・兼官・加階を年ごとに掲出し、出典を明確にする。「蔵人補任」「衛門府補任」と合わせみることにより、利用価値は一層増す。第一巻　弘仁七年～貞応二年　第二巻　元仁元年～元弘三年、系図・索引付。

市川久編

蔵人補任

全一冊

Ａ5判上製　一〇、〇〇〇円

本書は、蔵人所の頭・五位・六位蔵人を年ごとに列挙し、各人の下に任日・兼官・叙任の記事を注した補任次第書である。弘仁元年(八一〇)より建久九年(一一九八)を諸記録にあたり新たに編集刊行する。蔵人所別当補任・蔵人補任系図を加え、さらに詳細な人名索引を付し、利用の便宜をはかった。

市川久編

近衛府補任

全二冊

Ａ5判上製　第一　九、〇〇〇円　第二　九、〇〇〇円

大同二年(八〇七)より建久九年(一一九八)までの近衛府の大将・中将・少将の任免並に兼任等を年ごとに列挙した補任次第書である。諸記録にあたり新たに編集刊行するものである。第一巻　大同二年～延久四年　第二巻　延久五年～建久九年　第二巻巻末に詳細な人名索引と近衛府補任系図を加える。

市川久編

衛門府補任

全一冊

Ａ5判上製　一〇、〇〇〇円

弘仁二年(八一一)左右衛士府が左右衛門府に改編されてより建久九年(一一九八)までの左右衛門の任免ならびに兼任等を、数多くの史料を駆使して編集する。『蔵人補任』『近衛府補任』に続く編者の労作。出典の明確なことでは定評がある。衛門府補任系図と詳細な人名索引を付して刊行する。

延長	4	926
	5	927
	6	928
	7	929
	8	930
承平	1	931
	2	932
	3	933
	4	934
	5	935
	6	936
	7	937
天慶	1	938
	2	939
	3	940
	4	941
	5	942
	6	943
	7	944
	8	945
	9	946
天暦	1	947
	2	948
	3	949
	4	950
	5	951
	6	952
	7	953
	8	954
	9	955
	10	956
天徳	1	957
	2	958
	3	959
	4	960
応和	1	961
	2	962
	3	963
康保	1	964
	2	965
	3	966
	4	967
安和	1	968
	2	969
天禄	1	970
	2	971
	3	972
天延	1	973
	2	974
天延	3	975
貞元	1	976
	2	977
天元	1	978
	2	979
	3	980
	4	981
	5	982
永観	1	983
	2	984
寛和	1	985
	2	986

——以上第3——

永延	1	987
	2	988
永祚	1	989
正暦	1	990
	2	991
	3	992
	4	993
	5	994
長徳	1	995
	2	996
	3	997
	4	998
長保	1	999
	2	1000
	3	1001
	4	1002
	5	1003
寛弘	1	1004
	2	1005
	3	1006
	4	1007
	5	1008
	6	1009
	7	1010
	8	1011
長和	1	1012
	2	1013
	3	1014
	4	1015
	5	1016
寛仁	1	1017
	2	1018
	3	1019
	4	1020
治安	1	1021
治安	2	1022
	3	1023
万寿	1	1024
	2	1025
	3	1026
	4	1027
長元	1	1028
	2	1029
	3	1030
	4	1031
	5	1032
	6	1033
	7	1034
	8	1035
	9	1036
長暦	1	1037
	2	1038
	3	1039
長久	1	1040
	2	1041
	3	1042
	4	1043
寛徳	1	1044
	2	1045
永承	1	1046
	2	1047
	3	1048
	4	1049
	5	1050
	6	1051
	7	1052
天喜	1	1053
	2	1054
	3	1055
	4	1056
	5	1057
康平	1	1058
	2	1059
	3	1060
	4	1061
	5	1062
	6	1063
	7	1064
治暦	1	1065
	2	1066
	3	1067
	4	1068
延久	1	1069
	2	1070
延久	3	1071
	4	1072
	5	1073

——以上第4——

承保	1	1074
	2	1075
	3	1076
承暦	1	1077
	2	1078
	3	1079
	4	1080
永保	1	1081
	2	1082
	3	1083
応徳	1	1084
	2	1085
	3	1086
寛治	1	1087
	2	1088
	3	1089
	4	1090
	5	1091
	6	1092
	7	1093
嘉保	1	1094
	2	1095
永長	1	1096
承徳	1	1097
	2	1098
康和	1	1099
	2	1100
	3	1101
	4	1102
	5	1103
長治	1	1104
	2	1105
嘉承	1	1106
	2	1107
天仁	1	1108
	2	1109
天永	1	1110
	2	1111
	3	1112
永久	1	1113
	2	1114
	3	1115
	4	1116
	5	1117
元永	1	1118
	2	1119
保安	1	1120
	2	1121
	3	1122
	4	1123
天治	1	1124
	2	1125
大治	1	1126
	2	1127
	3	1128
	4	1129
	5	1130
天承	1	1131
長承	1	1132
	2	1133
	3	1134
保延	1	1135
	2	1136
	3	1137
	4	1138
	5	1139
	6	1140
永治	1	1141
康治	1	1142
	2	1143
天養	1	1144
久安	1	1145
	2	1146
	3	1147
	4	1148
	5	1149
	6	1150
仁平	1	1151
	2	1152
	3	1153
久寿	1	1154
	2	1155
保元	1	1156
	2	1157
	3	1158
平治	1	1159

——以上第5——